Trennkost aus aller Welt

Ursula Summm

Trennkost

aus aller Welt

Internationale Rezepte zum
Abnehmen und Genießen

FALKEN

Inhaltsverzeichnis

Trennkost aus aller Welt genießen

Wer kennt ihn nicht, den Spruch: „Was der Bauer nicht kennt, das isst er nicht!“
Zum Glück sind diese Zeiten vorbei! Die Menschen sind neugierig geworden auf die Spezialitäten anderer Länder. Und dieser Neugier haben wir es zu verdanken, dass die italienische Pizza, die spanische Paella, der gegrillte griechische Schafskäse und die französische Bouillabaisse feste Bestandteile der deutschen Küche geworden sind. Ob in Spanien, Italien, Griechenland oder Frankreich zubereitet, jedes Gericht ist eine wahre Gaumenfreude. Zudem lassen sie sich mühelos nachkochen und fügen sich bestens in den Trennkost-Speiseplan ein.
Oder denken Sie nur an den Wok. Blitzschnell und ganz einfach lassen sich in ihm köstliche, vitaminreiche Gerichte zaubern. Denn der Wok hat gegenüber herkömmlichen Töpfen einen entscheidenden Vorteil: In ihm verteilt sich die Hitze besonders gut, da sie nicht nur am Boden bleibt, sondern aufgrund guter Wärmeleitung weiter die Außenwände hochsteigt. Werden die Zutaten nun ständig gerührt, garen sie gleichmäßig und in Minutenschnelle. Das spart Zeit und schont die wertvollen Vitalstoffe – ein wichtiges Prinzip der Trennkostlehre.

Noch fröhlicher und genussvoller wird es freilich, in geselliger Runde mit Freunden zu essen. Auch hat es Tradition, ein gutes Essen als Schlichter für Unstimmigkeiten einzusetzen, denn Essen wirkt beruhigend, entspannend und schafft eine friedliche Atmosphäre. Und genau das will dieses Buch: Ihnen die Spezialitäten naher und ferner Länder offerieren und damit einen kleinen Beitrag zur Geselligkeit und zur Völkerverständigung leisten. Als weiteres Extra sind alle hier vorgestellten Gerichte nach dem harmonischen Prinzip der Hayschen Trennkost gestaltet und fördern so auf einfache Art Ihre Gesundheit und Ihr Wohlbefinden.

Trennkost – der Weg zu einem gesunden Leben

Seit 1979 befasse ich mich mit der Hayschen Trennkost und durfte am eigenen Leib die positive Wirkung dieser Ernährungsweise erfahren. Damals war ich sehr krank und zudem stark übergewichtig. Dank der Trennkost, die körperliches und seelisches Wohlbefinden in den Vordergrund stellt, fand ich zu einem gesunden und harmonischen Leben zurück. Ich erreichte mein Normalgewicht, sämtliche Krankheiten verschwanden und Ordnung sowie Harmonie kehrten in mein Leben zurück.

Tatsächlich fördert die getrennte Essweise die Lust am Leben und verändert lustlose Menschen in lebensfrohe. Denn die anregende Wirkung der Trennkost macht gut gelaunt, munter, wach und frisch. Die innere Dynamik steigt, Glücksgefühle kommen auf, der Geist wird klar und rege. Trennkost verändert auf Dauer Ihr Leben und lässt Sie an Charisma und Optimismus gewinnen.

Die Erklärung hierfür liegt klar auf der Hand: Durch die Neuversorgung mit lebensnotwendigen Nährstoffen, Vitaminen, Enzymen, Mineral- und Ballaststoffen, und dem gleichzeitigen Abbau von Altlasten wird der Körper gereinigt und gewinnt seine Vitalität, Gesundheit und Jugendlichkeit zurück.
Inzwischen kenne ich viele namhafte Professoren, Ärzte und Heilpraktiker die ihren Patienten die Haysche Trennkost empfehlen. Denn auch sie sind zu der Erkenntnis gelangt, dass zahlreiche Krankheiten verhindert wer-

den könnten, würde nur die Ernährung etwas umgestellt. Hierzu zählen:

- Bluthochdruck, niedriger Blutdruck, Schwindelgefühle
- Erhöhter Cholesterinspiegel, erhöhte Triglyceridwerte
- Diabetes mellitus Typ 2, Unterzuckerung
- Venenentzündung, Ödeme, Bindegewebsschwäche, (Zellulitis), offene Beine
- Stechende Schmerzen in den Knien
- Sodbrennen, übersäuerter Magen, Magendrücken, Magenbrennen, Übelkeit, Völlegefühl, Verdauungsprobleme, chronische Verstopfung, Übergewicht, Untergewicht
- Hautunreinheiten, Hautausschlag, Bläschenbildung an den Händen, Furunkel, Nesselsucht, Ekzeme, Juckreiz, Schuppenflechte, Neurodermitis
- Migräneanfälle, Wechseljahrsbeschwerden, kribbelige Unruhe, Nervenkrankheiten
- Nierensteine, Nierenerkrankungen
- Rheumatische Beschwerden, Gicht und anderes

Schauen Sie in Nachbars Töpfe

Der Ratschlag: „Das Essen einfach umverteilen“, ist in der Tat Gold wert. Denn dadurch erhält das Verdauungssystem bessere Möglichkeiten der schnelleren Aufspaltung und Zersetzung der Nahrung. Des Weiteren sorgt die Umverteilung der Speisen für lang anhaltende Energie, für mehr Vitalität, für gute Gesundheit und für ein jüngeres Aussehen.

Achten Sie zusätzlich bei der Auswahl der Speisen auf Qualität. Essen Sie stets frische lebendige Kost und nicht die verschönerte, mit Geschmacksverstärkern aufgeputschte tote Nahrung vom Fließband der Industrie. Schauen Sie öfter mal in Nachbars Töpfe und nehmen Sie sich diese zum Vorbild. Die deftigen Speisen der deutschen Küche gehören nämlich nicht zu den gesündesten. Einen weit besseren Ruf genießen die Mittelmeerländer und die Asiaten. Denn diese bereiten ihre Mahlzeiten mit viel frischem Obst und Gemüse, knackigen Salaten, Nüssen und guten Fetten zu. Es ist eine leichte, vitaminreiche Küche, ähnlich der der Hayschen Trennkost.

Ich wünsche Ihnen viel Spaß beim Entdecken der fremdländischen Speisen.

Herzlichst
Ilse Ursula [illegible]

Was ist Trennkost?

Trennkost ist eine gesunde, besonders bekömmliche Ernährungsform, die dem Körper alles liefert, was er zur Gesunderhaltung braucht. Genauer betrachtet ist sie keine Diät, sondern eine Ernährungsumstellung, die man sein ganzes Leben lang durchführen kann, ohne dass Mangelerscheinungen entstehen. Das Besondere dieser Ernährungsform ist: Jeder kann nach eigenem Geschmack sein Essen zusammenstellen und muss sich nicht dogmatisch an einen strengen Plan halten.
Der Fleischesser kommt ebenso auf seine Kosten wie der Vegetarier. Denn nach den Regeln der Trennkost zu kochen ist denkbar einfach.
Auch braucht man keine Spezialgeschäfte für den täglichen Lebensmitteleinkauf aufzusuchen. Zudem entfällt die doppelte Kocherei der Hausfrau, da Mahlzeiten für Nicht-Trennköstler lediglich mit Beilagen ergänzt werden. Und selbst in Gaststätten oder im Urlaub ist es ein Leichtes, sich nach den Prinzipien der Trennkost zu ernähren.

Wenn Sie die Rezepte aus diesem Buch ausprobieren, werden Sie überrascht sein, wie köstlich und abwechslungsreich gesunde Ernährung sein kann.

Die Philosophie der Trennkost nach Dr. Hay

Die Lehre der Trennkost haben wir dem amerikanischen Arzt Dr. Howard Hay zu verdanken. Anfang des 20. Jahrhunderts erkrankte Dr. Hay schwer. Er litt an einer akuten Nierenerkrankung, und kein Arzt konnte ihm helfen. So studierte er genau den menschlichen Organismus, und dessen Funktionsweise. Er untersuchte die chemische Zusammensetzung des Körpers und stellte fest, dass dieser zu 80 % aus basischen und zu 20 % aus sauren Elementen besteht. Dementsprechend stellte er seine tägliche Nahrung zusammen, aß vorwiegend basenbildende und weniger säurebildende Lebensmittel.
Darüber hinaus erreichte er eine bessere Verdauung der Nahrung im Magen-Darm-Trakt, indem er die kohlenhydratreichen Lebensmittel von den eiweißreichen trennte und diese beiden Gruppen nicht mehr zur gleichen Zeit aß. Dr. Hay fühlte sich schon nach kurzer Zeit viel wohler und konnte sich dank der Trennkost selbst von seinem schweren Nierenleiden heilen.

Wie die Trennkost funktioniert

Obwohl das Wort Trennkost längst zu einem bekannten Begriff geworden ist, wissen trotzdem viele Menschen noch nicht, wie sie funktioniert und was sich hinter dieser Ernährungsweise verbirgt. Dabei ist alles ganz einfach. Das Hauptmerkmal dieser Kost ist die grundsätzliche Trennung zwischen Eiweiß und Kohlenhydraten. Schauen Sie sich bitte mal den Trennungsplan auf den Seiten 20 und 21 an.

Unter der Überschrift Eiweißgruppe sind all die Lebensmittel aufgeführt, die besonders eiweißreich sind, und unter Kohlenhydratgruppe finden Sie die kohlenhydratreichen Nahrungsmittel. Innerhalb einer Mahlzeit dürfen die Lebensmittel einer Gruppe nicht zusammen verzehrt werden. Unter der Überschrift Neutrale Gruppe sind die Lebensmittel aufgelistet, die weder die Eiweiß- noch die Kohlenhydratverdauung stören, sondern sie harmonisieren mit allen Lebensmitteln und dürfen daher sowohl mit eiweißreicher als auch mit kohlenhydratreicher Nahrung zusammen verzehrt werden. Konkret bedeutet dies: Sie essen bei der Trennkost weiterhin das, was Sie immer gegessen haben, eben nur in einer anderen, harmonischeren Reihenfolge. Die angenehmen Begleiterscheinungen der Trennkost sind:

- Der Körper wird gereinigt und entgiftet.
- Man fühlt sich energiegeladener.

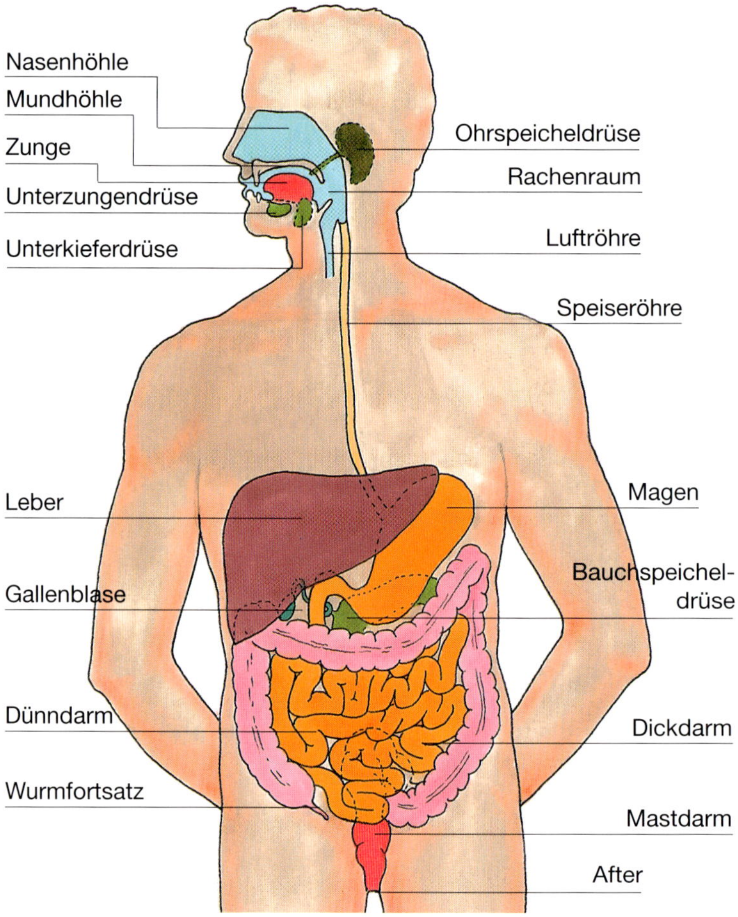

- Heißhungerattacken bleiben aus.
- Übergewichtige nehmen ab.
- Untergewichtige nehmen zu.

Dies alles wird durch eine Entlastung der Verdauungsorgane und durch einen besser funktionierenden Stoffwechsel bewirkt. Sinn und Zweck des Trennkostprinzips ist es also, die Speisen harmonisch aufeinander abzustimmen, um die Verdauungsorgane bei der Enzymproduktion und der anschließenden Nahrungszerlegung nicht übermäßig zu strapazieren. Die Folgen einer ungünstig zusammengestellten Nahrung können unter anderem sein: Müdigkeit, Sodbrennen, Blähbauch, Verdauungsprobleme, Stoffwechselstörungen. Trennt man dagegen innerhalb der Mahlzeiten die Eiweiße von den Kohlenhydraten werden die Verdauungsorgane und damit der ganze Körper spürbar entlastet und eine langsame Entgiftung setzt ein.

Das Verdauungssystem – eine kleine biochemische Fabrik

Der menschliche Körper grenzt mit seiner unendlichen Perfektion fast an ein Wunder. Damit er richtig funktioniert, braucht er unter anderem eine optimale Ernährung, die zusätzlich die biochemischen Gesetze der Verdauungsorgane berücksichtigt.

Die Phase der Verdauung beginnt bereits mit dem Gedanken an eine Speise, denn dieser setzt sofort verschiedene Mechanismen in Gang. So regt er zum Beispiel den Speichelfluss stark an – uns läuft im wahrsten Sinne des Wortes das Wasser im Mund zusammen. Gelangt die Nahrung dann in den Mund, wird sie durch Kauen zerkleinert. Durch die Mitwirkung des Enzyms Amylase im Speichel werden die Kohlenhydrate schon jetzt vorverdaut. Kohlenhydrate kommen reichlich in Getreide, Brot, Nudeln Kartoffeln und Reis vor. Um diese Vorverdauung durch die Amylase zu gewährleisten, ist gründliches Kauen von größter Wichtigkeit.

Eiweiße dagegen werden nicht im Mund aufgespalten, da hier die hierfür benötigten Verdauungssäfte fehlen. Diese werden erst im Magen durch das Verdauungsenzym Pepsin und durch Salzsäure bereitgestellt. Eiweiß kommt in großen Mengen in Fleisch, Fisch, Milch, Milchprodukten, Käse und Eiern vor. Isst man während einer Mahlzeit gleichzeitig reichlich Eiweiß und Kohlenhydrate, so bricht man die Verdauungsgesetze. Beim Verzehr von Eiweiß wird nämlich im Magen die Produktion von Salzsäure und Pepsin in Gang gesetzt. Diese Säfte behindern die Wirkung der Amylase aus dem Speichel, und die Kohlenhydrate können nicht ausreichend aufgespalten werden. Isst man hingegen nur Kohlenhydrate, dann entstehen nur wenige saure Säfte im Magen, und die Wirkung der Amylase bleibt besser erhalten. Die Kohlenhydrate können so besser verdaut werden.

Die Bauchspeicheldrüse

Eine sehr wichtige Rolle im Verdauungsprozess spielt die Bauchspeicheldrüse (Pankreas). Dieses Organ erfüllt mehrere lebensnotwendige Aufgaben und ist daher unersetzlich. Die Bauchspeicheldrüse besteht aus zwei Teilen: In dem einen Teil werden die Hormone Insulin und Glukagon produziert, die bei Bedarf ins Blut abgegeben werden, um dort den Blutzuckerspiegel zu regulieren. Im anderen Teil erfolgt die Bildung von Verdauungsenzymen. Diese Enzyme werden in den Dünndarm abgegeben und zerlegen dort die bereits in Mund und Magen vorverdauten Nährstoffe vollständig.

Damit die komplizierten und vielfältigen Verdauungsvorgänge reibungslos ablaufen können, sollte man die Bauchspeicheldrüse keinesfalls überfordern. Werden beispielsweise Nahrungsmittel stets falsch kombiniert und in zu großen Mengen verzehrt, dann kann es durch Überlastung der Bauchspeicheldrüse zu einer verzögerten und nicht ausreichenden Verdauung kommen. Liegen die unvollständig verdauten Nahrungsbestandteile dann zu lange im Darm, kommt es durch Wärme und Feuchtigkeit zur Gärung und Fäulnis. Dabei entstehen unangenehme blähende Gase.

Das Säure-Basen-Gleichgewicht des Körpers wird zudem durch den Verzehr überwiegend pflanzlicher Kost reguliert. In der Trennkost wird deshalb besonderer Wert auf naturbelassene Nahrungsmittel gelegt.

Trennkost entlastet Magen und Darm

Durch das getrennte Essen werden unsere Verdauungsorgane entlastet. Auf diese Weise werden dem Körper während der Verdauungsphase keine unnötigen Energien geraubt. Sogar nach einer reichhaltigen Mahlzeit fühlt man sich frisch und fit. Bei einer gemischten Kost ist dies oft anders. Etwa 20 Minuten nach einem „herkömmlichen“ Essen wird man von einer bleiernen Müdigkeit befallen. Trennkostgerechte Speisen hingegen entlasten den Körper. Dadurch kommt es auch zu einer besseren Verdauung der Nahrung im Darm. So können wichtige Nährstoffe wie Vitamine, Mineralstoffe und andere Vitalstoffe besser vom Körper aufgenommen werden und sich aktiv am Auf- und Abbau von Fettzellen beteiligen.

Säure-Basen-Gleichgewicht

Inzwischen sehen viele Menschen ein, dass ihre „normale“ Ernährung krank machen kann und beginnen ihre Essgewohnheiten umzustellen. Ein weiser Entschluss, können dadurch doch Unannehmlichkeiten wie Sodbrennen, Blähbauch, Völlegefühl oder verzögerte Verdauung verhindert werden. Auch Krankheiten wie Gicht, rheumatische Entzündungen oder Stoffwechselerkrankungen könnten so vermieden oder ausgeheilt werden. Schon Dr. Howard Hay waren die Zusammenhänge zwischen Übersäuerung und Krankheit wohlbekannt. Darum empfahl er, neben der Trennung der einzelnen Nahrungsmittel, zusätzlich auf eine basenüberschüssige Kost zu achten und weniger von den Nahrungsmitteln zu essen, die im Körper saure Rückstände hinterlassen.

Dr. Hay zählte die eiweißreichen Nahrungsmittel wie Fleisch, Wurst, Fisch, Käse, Eier, aber auch verschiedene Kohlenhydrate wie Zucker, geschältes Getreide und polierten Reis zu den Säurebildnern. Die Gegenspieler der Säuren sind die Basen. Zu den Basenbildnern unter den Lebensmitteln gehören in der Regel alle pflanzlichen Nahrungsmittel wie zum Beispiel Gemüse, Salat und Obst.
Werden zu wenig Gemüse, Salate, Rohkost und Obst gegessen, kann es zu einem Mangel an wertvollen basischen Mineralstoffen kommen. Der Organismus muss dann auf die eigenen Mineralstoffdepots zurückgreifen. Er nimmt sich die Mineralstoffe von dort, wo sie am reichlichsten vorhanden sind, nämlich aus den Gelenken und Kapseln, Knochen, Knorpeln, Sehnen, Bändern und Muskeln. Die ersten Folgen können Muskelsteifheit, Schmerzen in den Gelenken und im Gewebe oder sogar Osteoporose (Knochenentkalkung) sein.

Bei der Entstehung von Säuren in unserem Körper kann neben der Art der Nahrung auch eine dauerhafte seelische Belastung, hervorgerufen durch familiären oder beruflichen Stress, Lärm, Schock, Angst oder übermäßigen Sport, eine Rolle spielen. Ein gesunder Organismus ist sicher in der Lage, alle belastenden Substanzen in der Leber abzubauen und über Nieren, Darm, Lunge und Haut auszuscheiden. Langfristig kann jedoch selbst der gesündeste Körper eine unaufhörliche Flut von sauren Rückständen nicht verkraften.
Neben einer harmonischen Lebensweise können wir ein dauerhaftes Säure-Basen-Gleichgewicht nur erreichen, indem wir unseren Körper mit allen lebensnotwendigen Stoffen versorgen und ihn nicht unnötig durch falsche Ernährung und stressreiche Konflikte belasten.

Die Trennkost steht auf drei Beinen

Neben der Trennung und der Beachtung des Säure-Basen-Gleichgewichtes ist der dritte sehr wichtige Punkt die Natürlichkeit und die Vollwertigkeit der Nahrung. Bevorzugen Sie deshalb naturbelassene Nahrungsmittel. Diese sind möglichst wenig bearbeitet. Vorteil: Der natürliche Gehalt an Vitalstoffen bleibt weitgehend erhalten. Zu den Vitalstoffen gehören lebenswichtige Vitamine, Mineral- und Ballaststoffe. Diese braucht unser Körper, um gesund und leistungsfähig zu bleiben.

In der Praxis heißt dies: Kaufen Sie nur Lebensmittel bester Qualität ein. Dies wirkt sich positiv auf Ihren Körper aus. Bevorzugen Sie frisches Gemüse und Obst aus ökologischem oder integriertem Anbau, dem eigenen Garten. Gute Angebote finden sie auf dem Wochenmarkt oder im Bioladen. Auch Brot und Brötchen, aus Vollkornmehl gebacken, haben durch ihre Nährstoffdichte einen höheren Gesundheitswert. Vollwertig essen heißt also, auf industriell hergestellte Kost zu verzichten.

Industriell hergestellte und stark verarbeitete Lebensmittel enthalten meist künstliche Zusatzstoffe, Konservierungsmittel, Farbstoffe sowie Geschmacksverstärker. Zwar fallen diese Produkte durch ihre Farbe sofort ins Auge und schmeicheln durch ihre geschmacksverstärkenden Aromastoffe dem Gaumen, doch wurden sie ihrer Natürlichkeit beraubt. Diese Nahrung dient jetzt nur noch der Sättigung und der Geschmacksbefriedigung. Hinzu kommt, dass die darin enthaltenen geschmacksverstärkenden Zusatzstoffe den Appetit übermäßig anregen. Generell gilt, dass naturbelassene Nahrung schneller sättigt.

Erfolgreich abnehmen mit Trennkost

Laut verschiedener Studien ist fast jeder zweite mit seinem Gewicht unzufrieden. Vor allem Frauen würden gerne ihre Figur verändern und stürzen sich aus diesem Anlass immer wieder in neue Diäten und Hungerkuren. Doch Tatsache ist: Wer seine Pfunde immer wieder durch Abmagerungskuren und einseitiges Essen zu verringern versucht, wird auf Dauer durch die häufigen Gewichtsab- und -zunahmen seiner Gesundheit mehr Schaden als Nutzen zufügen.

Der bessere Weg zu einer dauerhaften Gewichtsabnahme ist deshalb die Ernährungsumstellung. Mit ihr wird ein sanftes Abnehmen angestrebt. Wichtig bei dieser schonenden Gewichtsabnahme mit der Hayschen Trennkost ist der große Anteil an Gemüse, Salaten, Rohkost und Obst. Diese wasserreiche Kost kurbelt den Stoffwechsel an und wirkt aufgrund des enthaltenden Kaliums entwässernd. Nicht zu vergessen sind die Ballaststoffe. Sie bringen nicht nur die Verdauung auf Trab, sondern geben dem Körper ein länger anhaltendes Sättigungsgefühl.
Auch ist die Flüssigkeitszufuhr sehr wichtig. Durch reichliches Trinken werden die Ausscheidungsorgane angeregt und können die durchs Abnehmen freigewordenen Schlackenstoffe besser abtransportieren.

Zudem muss die Einstellung der eigenen Esskultur gegenüber geändert werden. Statt zwischen Telefonaten, Meetings oder Schnellrestaurants das Essen hastig herunterzuschlingen, sollten Mahlzeiten in einer ruhigen Atmosphäre genossen werden. Der Körper lässt sich nicht betrügen. Auf Snacks, in großer Eile gegessen, reagiert der Organismus unbefriedigt. Ein ständiges Verlangen nach Essen und Kauen bleibt zurück. Bei einer in Ruhe eingenommenen Mahlzeit, sendet der Körper nach einer gewissen Zeit Substanzen aus, die eine innere Befriedigung auslösen und zusätzlich die Laune heben.

Mit einer vernünftigen Lebensmittelauswahl und richtigen Kombination dieser Speisen, wird jedes Essen zu einer leicht verdaulichen Mahlzeit. Und hierin liegt der erste Erfolgsbaustein einer gesunden Gewichtsabnahme mit der Hayschen Trennkost.

Die Wunderwaffen gegen Heißhungerattacken

Heißhungerattacken resultieren fast immer aus einem zu niedrigen Blutzuckerspiegel. Um dies zu vermeiden, sollten Sie keine Mahlzeit übergehen, denn durch den erlittenen Nahrungsentzug wird der Körper in Alarmbereitschaft versetzt und reagiert mit übermäßigem Hunger. Besser ist es, dem Körper etwa fünf Mahlzeiten über den Tag verteilt anzubieten. Frühstück, eine Zwischenmahlzeit am Vormittag, Mittagessen, eine weitere Zwischenmahlzeit am Nachmittag und Abendessen.
Essen Sie vor dem Mittag- oder Abendessen einen Teller Salat oder eine leichte Suppe. Das mindert den Heißhunger und liefert dem Körper wichtige Vitamine, Mineral- sowie Ballaststoffe.

Immer Lust auf Süßes

Nach dem Mittagsschlaf droht sehr oft eine Heißhungerattacke, meist auf Süßes. Stellen Sie sich daher eine Banane oder Rosinen bereit, bevor Sie sich hinlegen. Haben Sie immerzu Lust auf Süßes, dann sollten Sie den Teufelskreis durchbrechen, indem Sie auf natürliche Süßigkeiten umsteigen, die vom Körper langsamer aufgenommen werden, wie Zum Beispiel auf Müsliriegel ohne Zucker, Bananen, Rosinen und getrocknete Früchte.

Bei ständigem Hunger auf Schokolade oder andere Süßigkeiten hat sich auch folgender Tipp bestens bewährt: Statt der üblichen Schokolade probieren Sie einmal weniger süße Sorten wie zum Beispiel Diabetikerschokolade mit Fruchtzucker gesüßt oder Zartbitterschokolade mit mindestens 60 % Kakaoanteilen. Die Sucht verringert sich auf diese Weise ganz langsam, weil die intensive Süße der gewohnten Schokolade fehlt.

Auch die Seele ist beteiligt

Abnehmen ist nicht alleine eine Sache des richtigen Essens, sondern hat auch etwas mit dem Seelenleben zu tun. Durch vergrabene Ängste, plötzliche Trauer, Wut, Ärger, Zurückweisung, aber auch Langeweile sind viele Menschen unbewusst auf ständiger Futtersuche. Essen und Trinken trösten über so manchen Kummer hinweg.
Aber auch wenn Wünsche plötzlich wahr werden, lang ersehnte Erfolge überraschend eintreffen, man in Jubelstimmung ist, müssen viele dies mit übermäßigem Essen besiegeln. Das dicke Ende folgt dann Tage später, beim Gang auf die Waage nämlich.

Darum darf Essen niemals Bestandteil einer Enttäuschung oder einer Belohnung sein. Zu schnell ist man in dieser Phase bereit zu viel, zu fett, zu süß und zu schnell zu essen. Noch gefährlicher werden solche Situationen, wenn zusätzlich Alkohol getrunken wird. In solch stimmungsvollen Lagen, gerät das Essen außer Kontrolle und führt schleichend zu mehr Körpergewicht.

Praktische Tipps für jeden Tag

Wenn Ihnen die Trennkost Spaß macht und Sie damit erfolgreich sind, möchten Sie sich vielleicht eingehender mit diesem spannenden Thema beschäftigen. Wenn Sie darüber hinaus noch weitere Anregungen für Trennkostgerichte suchen, werden Sie sicherlich in meinen zahlreichen Trennkost-Büchern, die ebenfalls im FALKEN Verlag erschienen sind, fündig.

Trennkost im Büro

Hier noch einige Tipps, wie Sie Ihre selbstzubereiteten Speisen problemlos zur Arbeit transportieren können:

- Flüssige warme Gerichte wie Suppen und Eintöpfe erhitzen Sie morgens kurz und füllen Sie dann für den Transport in eine Thermobox. Darin bleibt Ihre Mahlzeit bis zur Mittagspause warm.
- Andere warme Mahlzeiten lassen sich gut in verschließbaren Behältern mitnehmen. Am Arbeitsplatz können Sie diese dann auf einer Kochplatte, falls vorhanden, erwärmen.
- Verpacken Sie bei Salaten das vorbereitete Gemüse und die Sauce getrennt in zwei Plastikboxen. Mischen Sie den Salat erst kurz vor dem Essen, damit er noch schön knackig ist. Ausgenommen sind natürlich Salate, die laut Rezept eine gewisse Zeit ziehen müssen.

Das sollten Sie im Haus haben

Die Trennkost ist vielseitig und trotzdem in der Zubereitung sehr einfach. Die anschließenden Rezepte beweisen es. Damit Sie diese Rezepte problemlos nachkochen können, ist es gut, sich einen kleinen Proviant lagerfähiger Nahrungsmittel anzulegen. Dazu gehören Naturreis, Vollkornnudeln (wobei hier nach der schmackhaftesten Sorte gesucht werden muss), Kartoffeln, Getreide, Honig, Rosinen, kaltgepresste Öle, vegetarische Gemüsebrühe und Kräutersalz. Kürzere Zeit lagerfähig sind Sahne, Sahnedickmilch, Käse zum Überbacken und frisches Gemüse sowie Salat, wobei Möhren, Tomaten oder Salatgurken sich länger frisch halten als Blattsalate.

Erleichtern Sie sich das Kochen

Nicht alle Gemüse und Salate müssen immer klein geschnitten oder aufwendig geraspelt werden. Paprikaschoten, Kohlrabi, Möhren, Gurken, Radieschen, Fenchel, Tomaten, Brokkoli oder Champignons brauchen nur geputzt und in grobe Stücke geschnitten zu werden. Wenn Sie keine Rohkost vertragen, dann dünsten Sie das Gemüse in etwas Butter an. Gesäubertes Gemüse oder Salat hält sich, in einer Frischhaltebox im Kühlschrank aufbewahrt, ein bis zwei Tage und eignet sich bestens zum Mitnehmen an den Arbeitsplatz.
Auch Salatsaucen können Sie in größeren Mengen zubereiten und in Gläsern mit Schraubverschluss drei bis vier Tage kühl aufbewahren. Wenn Sie Gemüse einfrieren möchten, dann sollten Sie dieses vorher kurz blanchieren.

Planen Sie bei der Zubereitung von Gemüse schon gleich für die nächste Mahlzeit mit. Speziell gedünstetes Gemüse schmeckt warm und kalt. Frisch gedünsteter Blumenkohl zum Beispiel: noch warm mit Sauce, dann den Rest kalt am nächsten Tag, abgewandelt zu einem Blumenkohlsalat, zu einer Suppe oder zu einem Auflauf. Ebenso können Sie mit grünen Bohnen, Brokkoli, Möhren oder mit Spargel verfahren.
Mit dem Pürierstab lassen sich aus Gemüseresten, verfeinert mit Gemüsebrühe und etwas saurer Sahne, schnell schmackhafte Suppen zubereiten.
Kartoffeln, Nudeln, Reis und Getreidekörner (wie zum Beispiel Dinkel) können Sie ebenfalls in doppelter Menge kochen. Anschließend zaubern Sie daraus wohlschmeckende Aufläufe oder Suppen.
Auch Fleischgerichte lassen sich sehr gut auf Vorrat zubereiten. Kochen Sie Gulasch, Braten oder

Rouladen in drei- bis vierfacher Menge, und frieren Sie die restlichen Portionen ein. Sie können so jederzeit auf eine kleine Palette von fertigen Speisen zurückgreifen.

So werden Rezepte aus anderen Ländern trennkostgerecht

„Türkische Hackröllchen mit Gurkenjoghurt", „Kalifornischer Fischeintopf" oder „Neapolitanische Tomatensuppe" – mit den Rezepten aus diesem Buch können Sie Ihre schönsten Urlaubserinnerungen nachkochen. Diese internationalen Speisen habe ich Ihnen bereits trennkostgerecht umgewandelt. Doch wie sieht es mit anderen Gerichten aus, die gleichermaßen Eiweiße und Kohlenhydrate enthalten, wie zum Beispiel „Spaghetti mit Hackfleischsauce", die berühmte „Moussaka" oder das leckere „Schweizer Raclette"?

Verlieren diese Gerichte nicht an Genialität und Geschmack, wenn wichtige Ergänzungszutaten einfach weggelassen werden? Beim ersten Hinschauen schon, denn wir sind ja von alten Gewohnheiten geprägt. Beim zweiten Hinschauen und dem gleichzeitigem Loslassen sturer Ansichten nimmt man kleine Einschränkungen gerne in Kauf.
So serviere ich zur Hackfleischsauce gerne einen Zucchini- oder Auberginentopf.
Die Moussaka, ein variantenreiches Gericht der Araber, Griechen und Türken, koche ich mal mit Fleisch oder bereite diese auch vegetarisch zu. Und zum Raclette brauche ich keine Kartoffeln, wenn ich stattdessen auf reichhaltiges Gemüse und Salate zurückgreifen kann.
So kann man fast jedes Gericht in ein harmonisches Essen verwandeln, vorausgesetzt diese Speisen werden mit Liebe, mit guten Gewürzen und einer gewissen Kreativität zubereitet.

Beispiel:

Suppe oder Salat	=	**neutral und/oder Eiweiß**
Hauptgericht	=	**Eiweiß**
Dessert	=	**neutral und/oder Eiweiß**

Im umgekehrten Fall:

Suppe oder Salat	=	**neutral und/oder Kohlenhydrat**
Hauptgericht	=	**Kohlenhydraten**
Dessert	=	**neutral und/oder Kohlenhydrat**

Entdecken Sie den Koch in sich

Jetzt ist Ihre Kreativität gefragt. Entdecken Sie den Koch in sich. Alles ist ganz einfach, wenn Sie sich ein bisschen mit der Trennkost auskennen. Wandeln Sie Ihre Lieblingsgerichte in trennkostgerechte Gerichte um. Fehlen Ihnen Ideen, dann können Sie sich diese aus diesem Buch oder aus der Vielzahl meiner anderen Kochbücher holen.

Bereiten Sie sich, Ihrer Familie oder auch Freunden ein Trennkost-Menü vor. Achten Sie lediglich bei der Vielfalt der Möglichkeiten immer darauf, innerhalb eines Menüs unter den Eiweißgerichten oder unter den Kohlenhydratgerichten zu wählen. Entscheiden Sie sich zum Beispiel für ein Eiweißmenü, so sollte jedes Gericht aus der Sparte der Eiweiße und aus der neutralen Kost kommen.
Die weitere Überlegung wäre, ob Sie Ihre eigene Rezeptsammlung für eine Gewichtsabnahme nutzen oder diese einfach nur wegen des leckeren Geschmacks und der guten Verträglichkeit der Speisen nachkochen möchten.

Wenn Ihre selbst kreierten Rezepte der Gewichtsabnahme dienen, so lautet mein Vorschlag: Verzichten Sie auf das Dessert und nehmen Sie dieses besser als Zwischenmahlzeit zu sich.

Vielleicht entwerfen Sie sich auch einen persönlichen Wochenplan. Falls Sie berufstätig sind, sollten Sie solche Rezepte auswählen, die mit wenig Arbeitsaufwand verbunden sind.

Wenn Sie unter Zeitnot leiden, ist es ratsam beim Kochen schon die nächste Mahlzeit mit einzuplanen. Kochen Sie Kartoffeln, Reis, Nudeln, Gemüse, oder Fleisch einfach in doppelter Menge und bereiten Sie daraus leckere Suppen, Gratins oder Salate zu.

Für Trennkost-Neulinge

Falls Sie ein Trennkost-Neuling sind, empfehle ich Ihnen, Ihre lieb gewordenen Gewohnheiten in Form von „Küchenhelfern" wie z. B. Saucenbinder, Gewürzmischungen, Süßstoff, kalorienreduzierten Fettsorten, Ketchup, Champignons und Mais aus der Dose, Schweinefleisch und Speck zum Anbraten vorerst beizubehalten. Dies alles können Sie nach und nach durch wertvollere und gesündere Lebensmittel ersetzen. Meine langjährigen Erfahrungen haben nämlich gezeigt, dass eine Ernährungsumstellung mehr Spaß macht und vor allem dauerhafter ist, wenn anfänglich alte Gewohnheiten beibehalten werden können.

Der Lohn trennkostgerecht zu essen, ist ein besseres Körpergefühl. Kein drückender Magen, kein Völlegefühl, kein Sodbrennen und auch kein Leistungsknick nach einer Mahlzeit. Dafür mehr Freude am eigenen Körper und ein Auftanken an Power und Energie.

Hinweise zu den Rezepten

Einteilung der Gerichte

Alle Rezepte, die ich in diesem Buch für Sie zusammengestellt habe, sind leicht nachvollziehbar. Sie sollen Ihnen beispielhaft zeigen, wie man Nahrungsmittel aus der Eiweiß- und aus der Kohlenhydratgruppe jeweils mit neutralen Nahrungsmitteln kombinieren kann. Damit Sie die Rezepte sicher den einzelnen Gruppen zuordnen können, haben wir sie im Rezeptteil jeweils entsprechend gekennzeichnet.

Kalorienangaben und Zutatenmengen

Die Kalorienangaben beziehen sich immer auf 1 Portion bzw. 1 Stück. Die Zutatenmengen beziehen sich in der Regel auf die ungeputzte Rohware.

Zubereitungszeiten

Die Zubereitungszeit in den Rezepten beinhaltet sowohl die Vorbereitungszeit (waschen, putzen, klein schneiden) als auch die Gar- oder Backzeit. Es handelt sich dabei um Durchschnittswerte. Besondere Zeiten wie Quellzeit, Zeit zum Gehen oder zum Kühlen sind extra ausgewiesen. Mithilfe dieser Angaben können Sie schnell erkennen, wie viel Zeit Sie für die Gesamtzubereitung eines Gerichts einplanen müssen.

Besondere Zutaten

In einigen Rezepten kommen Zutaten zum Einsatz, die Sie eventuell noch nicht kennen.
Bei Frutilose zum Beispiel handelt es sich um einen schonend eingedämpften Obstdicksaft. Er ist im Reformhaus erhältlich und hat einen milden Geschmack. Frutilose zählt zwar zu den Kohlenhydraten, kann aber auch zum Süßen von Eiweiß- und neutralen Gerichten verwendet werden.
Molkosan ist ein vergorenes Molkekonzentrat, das mit Wasser verdünnt als Essigersatz dient oder auch unverdünnt zum Abschmecken von Speisen benutzt werden kann.
Gern verwende ich vegetarische Gemüsebrühe. Dieses rein pflanzliche Instantpulver eignet sich wunderbar zum einfachen Herstellen von Brühe. Gemüsebrühe aus dem Glas rundet auch viele Gerichte ab. Mit Salz kann man dann sparsamer umgehen.

Trennkost in der Familie

Für Familienmitglieder, die sich nicht der Trennkost anschließen möchten, brauchen Sie nicht extra zu kochen. Ergänzen Sie die Kohlenhydratgerichte einfach mit Fleisch oder Fisch und die Eiweißgerichte mit Kartoffeln, Reis oder Nudeln.

Zum Trennungsplan

Der nachfolgende Trennungsplan gibt Ihnen einen schnellen Überblick über die Lebensmittelgruppen der Trennkost. Am Anfang werden Sie vielleicht noch des Öfteren nachschlagen müssen. Aber bald schon wissen Sie, dass zum Beispiel Käse mit mindestens 60% Fett i. Tr. zur neutralen Gruppe gehört, während Käsesorten mit weniger Fett zur Eiweißgruppe zählen.
Mit der Zeit kennen Sie auch alle Ausnahmen wie beispielsweise die, dass gekochte Tomaten der Eiweißgruppe zugeordnet werden, wenngleich rohe Tomaten wie fast alle Gemüse zur neutralen Gruppe gehören.
Innerhalb einer Mahlzeit dürfen zur Eiweiß- und zur Kohlenhydratgruppe gehörende Lebensmittel nicht gemischt werden. Beide Gruppen lassen sich aber problemlos mit neutralen Lebensmitteln kombinieren.

Abkürzungen

EL	=	Esslöffel (gestrichen)
TL	=	Teelöffel (gestrichen)
Msp.	=	Messerspitze
Pr.	=	Prise
P.	=	Päckchen
TK-...	=	Tiefkühl-...
Fett i. Tr.	=	Fett in der Trockenmasse
kcal	=	Kilokalorien
getr.	=	getrocknet
gem.	=	gemahlen
geh.	=	gehackt

Eiweißgruppe

Fleisch, Geflügel und Wurst

Rind
gegartes Rindfleisch,
z. B. Bratenfleisch, Rouladen, Gulaschfleisch, Steaks, Hackfleisch und Geschnetzeltes

Kalb
gegartes Kalbfleisch,
z. B. Schnitzel und Bratenfleisch

Lamm
gegartes Lamm- und Schafsfleisch,
z. B. Koteletts, Keule und Rücken

Geflügel
gegartes Fleisch von Geflügel,
z. B. Pute, Gans, Ente, Hähnchen

Aufschnitt
gegarter Aufschnitt oder gegarte Würstchen aus Rind-, Schafs- oder Geflügelfleisch,
z. B. Rindswurst, Corned Beef, Aspik- und Geleeaufschnitt, Geflügelwurst

Fisch und Meeresfrüchte

Fisch
ungeräucherter, gegarter Fisch,
z. B. Seelachs, Kabeljau, Lachs, Rotbarsch, Heilbutt, Thunfisch, Makrele, Hering, Forelle, Hecht

Schalen- und Krustentiere
gegarte Schalen- und Krustentiere,
z. B. Muscheln, Garnelen, Krabben

Obst

Weintrauben

Beerenfrüchte
z. B. Erdbeeren, Himbeeren, Brombeeren, Johannisbeeren (Ausnahmen: Heidelbeeren, die sind neutral, und Preiselbeeren, die sollten ganz vermieden werden)

Kernobstsorten
z. B. säuerliche Äpfel, Birnen und Quitten (Ausnahme: mürbe, süße Äpfel, die gehören zur Kohlenhydratgruppe)

Steinobstsorten
z. B. Pfirsiche, Aprikosen, Pflaumen und Kirschen

Zitrusfrüchte
z. B. Orangen, Mandarinen, Zitronen und Grapefruits

exotische Obstsorten
z. B. Mango, Maracuja, Kiwi, Papaya, Ananas, Litschis (Ausnahmen: Bananen, frische Feigen und frische Datteln gehören zur Kohlenhydratgruppe)

Eier, Milch und Käse

Eier, Eiweiß und Eigelb
(rohes Eiweiß möglichst vermeiden)

Milch
alle Trinkmilchsorten

Käse
Käsesorten bis zu 60 % Fett i. Tr.,
z. B. Harzer Käse, Edamer, Emmentaler, Gouda, Tilsiter (achten Sie auf die Fettangaben auf der Verpackung).
Ausnahmen: Schafs- und Ziegenkäse, Mozzarella, Feta und Hüttenkäse gehören zur neutralen Gruppe

Getränke

Erfrischungsgetränke
kalter Früchtetee, Obstsäfte, mit Wasser verdünnte Obstsäfte

Heiße Getränke
Früchtetee

Alkoholische Getränke
Apfelwein, herber Weiß-, Rot- und Roséwein, trockener Sekt

Sonstiges

Sojaprodukte
z. B. Tofu, mit Soja hergestellte Brotaufstriche

gekochte Tomaten

Neutrale Gruppe

Diese Lebensmittel sind gesund und enthalten wenig Fett. Davon dürfen Sie so viel essen, wie Sie mögen!

Obst und Gemüse

alle Gemüse
z. B. Artischocken, Avocados, Brokkoli, grüne Bohnen, Chinakohl, grüne Erbsen, Fenchel, Gurken, Knoblauch, Kohlrabi, Lauch, frischer Mais, Mangold, Paprikaschoten, Radieschen, Rettich, Rote Bete, Rosenkohl, Sauerkraut, Spargel, Spinat, rohe Tomaten, Weißkohl, Zwiebeln, Zucchini

Blattsalate
z. B. Kopfsalat, Endiviensalat, Feldsalat, Eisbergsalat, Rauke, Römischer Salat, Radicchio

Pilze
z. B. Austernpilze, Champignons, Pfifferlinge, Steinpilze

Keime und Sprossen
z. B. Mungobohnenkeimlinge, Alfalfa, Sojabohnensprossen

Heidelbeeren

Sonstiges

Gewürze
Kräuter, Gewürze, Zitrusschalen

Getränke
Kräutertees, Rotbuschtee, Gemüsesäfte, Getreidekaffee

Geliermitttel
Gelatine, Agar-Agar, Nestargel oder Biobin (Reformhaus)

Diese Lebensmittel sollten Sie auf Grund ihrer Zusammensetzung nur sparsam einsetzen!

Milchprodukte

Gesäuerte Milchprodukte
z. B. Joghurt, Quark, vergorenes Molkekonzentrat (Molkosan)

Fettreiche Milchprodukte
z. B. süße Sahne, Crème fraîche

Käse
alle Käsesorten ab 60 % Fett i. Tr. sowie alle Weißkäsesorten,
z. B. Schafs- und Ziegenkäse, Feta, Mozzarella, körniger Frischkäse

Fettreiche Lebensmittel

Öle, Margarine, Butter
Öle und Margarine mit einem hohen Anteil an ungesättigten Fettsäuren bevorzugen, Margarine mit gehärteten Fetten meiden

Wurstwaren
roh luftgetrocknete oder roh geräucherte Sorten,
z. B. Bündner Fleisch, Rind-, Schafs- und Geflügelsalami

Nüsse, Mandeln, Samen

Sonstiges

Fisch roh, mariniert, geräuchert,
ungeschwefelte Rosinen, Oliven, Eigelb, Hefe, Gemüsebrühe

Kohlenhydratgruppe

Gertreide, Brot, Reis

Vollkorngetreide
Vollkorngetreide und Produkte aus Vollkorngetreide

Kartoffel, Gemüse, Obst

Kartoffeln, Grünkohl, Schwarzwurzeln, Topinambur

Bananen; mürbe, süße Äpfel; frische Feigen; frische Datteln

ungeschwefeltes Trockenobst
(Ausnahme: Rosinen gehören zur neutralen Gruppe)

Süßungsmittel

Frutilose, Honig, Ahornsirup, Birnen- und Apfeldicksaft
Süßungsmittel dürfen in kleinen Mengen auch zum Abschmecken von neutralen und Eiweißgerichten verwendet werden.

Sonstiges

Bier, Kartoffelstärke, Weinsteinbackpulver, Puddingpulver
(ohne Farbstoff), Carobe (das Pulver wird wie Kakao verwendet und ist in Naturkostläden erhältlich)

Snacks und kleine Gerichte

ITALIEN

Lachsröllchen

EIWEISS

Für 2 Portionen
Zubereitungszeit: ca. 20 Min.
ca. 125 kcal je Portion

80 g geschälte und gegarte Scampi
100 g Salatgurke
150 g Doppelrahm-Frischkäse
etwas Meersalz
1 kleiner Bund Kerbel
6 kleine Salatblätter
6 Scheiben Räucherlachs (à 25 g)
6 Zitronenspalten

1. Die Scampi in kleine Stücke schneiden. Die Gurke schälen, die Kerne mit einem Löffel herausschaben und das Fruchtfleisch fein würfeln.
2. Den Frischkäse mit etwas Wasser cremig rühren, zart salzen und mit den Scampi- und Gurkenstücken vermischen. Den Kerbel waschen, trockenschütteln, fein hacken und mit der Käsecreme verrühren. Etwas Kerbel beiseite legen.
3. Die Salatblätter waschen und die Frischkäsecreme gleichmäßig darauf verteilen. Die Salatblätter vorsichtig aufrollen. Anschließend die 6 Salattüten in jeweils eine Lachsscheibe wickeln, auf einer Platte anrichten und mit den Zitronenspalten und dem restlichen Kerbel garnieren.

ITALIEN

Fischhäppchen

EIWEISS

Für 12 Fischhäppchen
Zubereitungszeit: ca. 20 Min.
ca. 70 kcal je Stück

1 große rote Paprikaschote
1 große Scheibe Schwertfischfilet (ca. 600 g)
1 Knoblauchzehe
1 EL Butter
etwas Meersalz

1. Die Paprikaschote waschen, halbieren, entkernen und das Fruchtfleisch in mundgerechte Stücke schneiden.
2. Den Fisch kalt abspülen, trockentupfen und in etwa 12 gleich große Stücke schneiden. Die Knoblauchzehe schälen und sehr fein hacken.
3. Die Butter in einer Pfanne zerlassen, den Knoblauch darin goldgelb dünsten. Die Fischstücke hinzufügen, salzen und unter Wenden 3–5 Minuten braten.
4. Anschließend den Fisch auskühlen lassen. Ihn dann auf die einzelnen Paprikastücke legen und mit einem Zahnstocher feststecken.

TIPP

Schwertfischfilets sind nicht immer leicht erhältlich. Sie können für dieses Rezept auch einen anderen Fisch mit festem Fleisch verwenden. Geeignet sind Filets von Kabeljau, Rotbarsch, Thunfisch oder Lachs.

oben: Lachsröllchen
unten: Fischhäppchen

Frankreich

Grünes Ratatouille

NEUTRAL

Für 2 Portionen
Zubereitungszeit: ca. 30 Min.
ca. 220 kcal je Portion

etwas Meersalz
100 g grüne Bohnen
100 g Brokkoli
3 Frühlingszwiebeln
100 g Zuckerschoten
2 Stangen Staudensellerie
1 kleine Zucchini (ca. 120 g)
1 Zweig Thymian
6 Blätter Basilikum
1 Knoblauchzehe
2 EL kaltgepresstes Olivenöl
1 EL Pinienkerne

1. In einem Topf etwa 2 l leicht gesalzenes Wasser zum Kochen bringen. Die Bohnen waschen, putzen und die Fäden abziehen. Sie im kochenden Wasser 10 Minuten ohne Deckel blanchieren.

2. In der Zwischenzeit den Brokkoli waschen und in kleine Röschen zerteilen. Die Frühlingszwiebeln waschen, putzen und in 2 cm breite Ringe schneiden. Die Zuckerschoten ebenfalls waschen und die Enden abschneiden.

3. Den Staudensellerie und die Zucchini waschen, putzen und in 1/2 cm breite Stücke schneiden.

4. Die Bohnen mit einer Schaumkelle aus dem Wasser nehmen, mit kaltem Wasser abschrecken und anschließend in einem Sieb abtropfen lassen. Die Brokkoliröschen in das Bohnenkochwasser geben, etwa 5 Minuten blanchieren und danach ebenfalls abschrecken und sorgfältig abtropfen lassen.

5. Den Thymian und das Basilikum waschen und trockentupfen. Die Thymianblättchen vom Stiel abstreifen und das Basilikum fein hacken. Den Knoblauch schälen und pressen.

6. Das Öl in einer Pfanne erhitzen. Die Frühlingszwiebeln zusammen mit den Zuckerschoten und dem Staudensellerie hineingeben und unter ständigem Rühren bei mittlerer Hitze etwa 5 Minuten anbraten.

7. Danach die Bohnen, den Brokkoli und den Knoblauch hinzufügen und alles etwa 3 Minuten weitergaren. Das Gemüse mit Meersalz sowie den Kräutern würzen und auf 2 Tellern anrichten. Alles mit den Pinienkernen bestreuen und sofort sevieren.

TIPPS

- *Reichen Sie zu dem Grünen Ratatouille Vollkornnudeln oder frisches Baguette. Auch körnig gekochter Reis schmeckt hervorragend dazu.*
- *Ratatouille kann auch kalt serviert werden. Dann sollten Sie allerdings etwas Olivenöl unterrühren.*

Grünes Ratatouille

GRIECHENLAND

Gegrillter Schafskäse im Gemüsebett

NEUTRAL

Für 6 Portionen
Zubereitungszeit: ca. 50 Min.
ca. 360 kcal je Portion

300 g Zucchini
300 g Tomaten
1 große Zwiebel
18 schwarze Oliven ohne Stein
3 Knoblauchzehen
6 TL kaltgepresstes Olivenöl
6 Scheiben (à 100 g) Schafskäse (Feta)
2 TL gerebelter Oregano
2 TL gerebelter Thymian
2 TL gerebelter Rosmarin

1. Die Zucchini putzen und waschen. Die Tomaten waschen und die Stielansätze entfernen. Beides in 1/2 cm dicke Scheiben schneiden.

2. Die Zwiebel schälen und in sehr dünne Ringe schneiden. Die Oliven grob hacken. Den Knoblauch schälen und durch eine Presse drücken.

3. Nun 6 große Stücke Alufolie (extra reißfest) mit dem Öl bestreichen. Insgesamt die Hälfte der vorbereiteten Zutaten auf die Alufolienstücke geben. Auf jedes Häufchen 1 Stück Käse legen. Alles mit den getrockneten Kräutern bestreuen. Die restlichen Zutaten jeweils darauf verteilen.

4. Die Folien zu Päckchen fest verschließen und das Gemüse auf dem Grill von jeder Seite 8–10 Minuten grillen.

Asien

Ausgebackenes Gemüse

KOHLENHYDRAT

Für 1 Portion
Zubereitungszeit: ca. 45 Min.
Ruhezeit: ca. 30 Min.
ca. 410 kcal je Portion

3 Blumenkohlröschen (ca. 75 g)
50 g Kürbisfruchtfleisch
1/2 Zwiebel
1/2 rote Paprika
50 g Kichererbsenmehl
1 TL Öl
etwas Meersalz
1/2 TL gem. Koriander
1/2 TL gem. Kreuzkümmel
200 ml Öl zum Ausbacken

1. Die Blumenkohlröschen waschen. Den Kürbis in etwa 2 cm große Würfel schneiden. Die Zwiebel schälen und in dicke Ringe schneiden. Die Paprika waschen, halbieren, entkernen und in breite Streifen schneiden.
2. Das Kichererbsenmehl mit dem Öl, Salz und den Gewürzen vermengen. 60 ml Wasser unter Rühren langsam hinzufügen, sodass ein dünnflüssiger Teig entsteht. Den Teig etwa 30 Minuten ruhen lassen.
3. Das Öl in einer Fritteuse, einem Topf oder einem Wok auf etwa 180 °C erhitzen. Das Gemüse Stück für Stück mit einer Gabel durch den Teig ziehen und im Öl jeweils 10–15 Minuten knusprig ausbacken (Kürbiswürfel und Zwiebelringe sind schneller fertig).
4. Das ausgebackene Gemüse auf Küchenkrepp abtropfen lassen und sofort genießen.

TIPP
Auf die gleiche Art können Sie auch andere Gemüsesorten wie Auberginen, Zucchini oder Pilze zubereiten.

Asien

Auberginen-Joghurt-Salat

NEUTRAL

Für 1 Portion
Zubereitungszeit: ca. 30 Min.
Kühlzeit: ca. 30 Min.
ca. 300 kcal je Portion

1/2 Aubergine
etwas Meersalz
1 kleine grüne Chilischote
1 Stück Ingwer (ca. 1 cm)
3 EL Sonnenblumenöl
75 g Joghurt
1 Msp. gem. Kurkuma
1 Msp. gem. Kreuzkümmel
1 Knoblauchzehe

1. Die Aubergine waschen, putzen und in etwas dickere Scheiben schneiden. Die Scheiben mit wenig Salz bestreuen und etwa 10–15 Minuten ziehen lassen.
2. Inzwischen die Chilischote waschen, der Länge nach durchschneiden, entkernen und in dünne Streifen schneiden. Den Ingwer schälen und klein würfeln. Zusammen mit der Chilischote im Mörser zerreiben. Die Auberginenscheiben mit Küchenkrepp trockentupfen und die Chili-Ingwer-Mischung darauf verteilen.
3. Das Öl in einem Wok erhitzen und die Auberginenscheiben von beiden Seiten knusprig braten. Auf Küchenkrepp abtropfen lassen.
4. Für die Sauce den Joghurt mit den Gewürzen und etwas Salz verrühren. Den Knoblauch schälen und dazupressen. Den Joghurt in eine Schüssel geben, die Auberginenscheiben darauf legen und alles etwa 30 Minuten kühl stellen.

oben: Ausgebackenes Gemüse
unten: Auberginen-Joghurt-Salat

GRIECHENLAND

Griechischer Auberginensalat

NEUTRAL

Für 2 Portionen

Zubereitungszeit: ca. 30 Min.

ca. 220 kcal je Portion

Für den Salat:
1 kleine Aubergine (ca. 250 g)
1 Zucchini
1 rote Paprikaschote
80 ml Molkosan
1 EL Vollmeersalz
3 Tomaten
1 Zwiebel

Für die Sauce:
2 EL kaltgepresstes Olivenöl
100 ml Wasser
1 EL Molkosan
1 TL Frutilose
1 TL Kräutersalz
1–2 Knoblauchzehen
10 schwarze Oliven
2 EL geh. Basilikum
2 EL frische Minze

Außerdem:
60 g Schafskäse
einige Minzeblättchen

1. Die Aubergine und den Zucchini waschen, putzen und die Stielansätze herausschneiden. Das Gemüse in schmale Streifen schneiden.
2. Die Paprikaschote waschen, halbieren, entkernen und den Stielansatz herausschneiden. Die Paprikahälften ebenfalls in schmale Streifen schneiden.
3. Nun etwa 1 1/2 Liter Wasser mit dem Molkosan und dem Salz in einem großen Topf zum Kochen bringen und das Gemüse darin portionsweise jeweils 4–5 Minuten blanchieren. Es anschließend abtropfen und abkühlen lassen.
4. Die Tomaten waschen, halbieren, entkernen und die Stielansätze herausschneiden. Das Fruchtfleisch in kleine Würfel schneiden. Die Zwiebel schälen, halbieren und in dünne Scheiben schneiden.
5. Für die Sauce das Öl mit dem Wasser, dem Molkosan, der Frutilose und dem Salz kräftig verrühren. Den Knoblauch schälen und durch die Presse dazudrücken. Die Oliven halbieren, entsteinen und zusammen mit den gehackten Kräutern zur Sauce geben.
6. Die Salatzutaten miteinander mischen und auf 2 Tellern anrichten. Die Sauce auf den Salat geben und den Schafskäse darüber zerbröckeln. Den Salat mit Minze garnieren.

AUBERGINEN

Das kalorienarme Gemüse wird auch Eierfrucht genannt und gedeiht vorwiegend im warmen Klima der Mittelmeerregion. Es hat einen nur schwachen Eigengeschmack, weshalb es meist kräftig gewürzt wird, z. B. mit Basilikum, Thymian, Rosmarin und Knoblauch.

TIPP

Bestreuen Sie die Auberginenstreifen vor der Weiterverarbeitung mit Salz und lassen Sie sie einige Minuten stehen. Die Bitterstoffe werden so aus dem Fruchtfleisch gelöst.

Griechischer Auberginensalat

SPANIEN

Maisbrot

KOHLENHYDRAT

Für 6 Portionen
Zubereitungszeit: ca. 30 Min.
ca. 370 kcal je Portion

40 g frische Hefe
1 TL Honig
225 g feines Maismehl
1 1/2 TL Meersalz
1 EL kaltgepresstes Olivenöl
250 g Weizenvollkornmehl
etwas Öl für die Form

1. Die Hefe fein zerbröckeln, mit dem flüssigen Honig und 3 EL lauwarmem Wasser verrühren. Die Mischung mit einem Tuch zugedeckt für ungefähr 15 Minuten an einem warmen Ort gehen lassen.

2. In der Zwischenzeit das Maismehl mit dem Salz mischen. 1/4 Liter kochendes Wasser dazugeben, verrühren und die Mischung abkühlen lassen.

3. Die Hefemischung, das Öl und das Weizenmehl zu dem lauwarmen Maisbrot geben und alles zu einem geschmeidigen Teig verkneten. Den Teig an einem warmen Ort etwa 30 Minuten gehen lassen.

4. Inzwischen eine Springform (etwa 24 cm ø) mit Öl bestreichen. Den Backofen auf 175 °C (Umluft 150 °C, Gas Stufe 2) vorheizen. Den Teig nochmals kneten, zu einem Fladen formen und die Form damit auslegen. Das Brot weitere 15 Minuten gehen lassen.

5. Dann das Fladenbrot im Ofen auf der mittleren Schiene etwa 40 Minuten backen, aus der Form stürzen und auskühlen lassen.

SPANIEN

Melone San Sebastian

EIWEISS

Für 2 Portionen
Zubereitungszeit: ca. 30 Min.
Kühlzeit: ca. 1 Std.
ca. 350 kcal je Portion

10 ungekochte Garnelenschwänze
etwas Meersalz
1 rote Paprikaschote
100 g Sellerie
1 Möhre
1 kleine Zwiebel
1 Knoblauchzehe
4 Tomaten
3 EL kaltgepresstes Olivenöl
1 EL Rotwein
150 ml Wasser
½ TL Cayennepfeffer
1 TL Kräutersalz
1 TL getr. Basilikum
1 große Netzmelone

1. Die Garnelenschwänze schälen, dabei die Schwanzenden nicht abschneiden. Sie auf dem Rücken längs einschneiden und die Därme entfernen. Die Garnelen in wenig Salzwasser etwa 5–8 Minuten kochen. Aus dem Wasser nehmen und abkühlen lassen.
2. Die Paprikaschoten waschen, halbieren, putzen, entkernen und würfeln. Den Sellerie und die Möhre schälen, waschen und ebenfalls in Würfel schneiden.
3. Die Zwiebeln und den Knoblauch schälen und fein würfeln. Die Tomaten über Kreuz einritzen, mit kochendem Wasser überbrühen, abschrecken und enthäuten. Tomaten vierteln, entkernen und die Stielansätze abschneiden. Das Fruchtfleisch grob würfeln.
4. Das Olivenöl in einem Topf erhitzen und das Gemüse darin andünsten. Mit dem Rotwein ablöschen, das Wasser dazugießen und alles zum Kochen bringen.
5. Dann mit Pfeffer, Salz und Basilikum würzen und bei geringer Hitze zugedeckt etwa 15 Minuten köcheln lassen.
6. Die Melone halbieren und die Kerne sowie einen Teil des Fruchtfleisches herauslösen. Das Melonenfleisch anderweitig verwenden. Die pikante Suppe in die Melonenhälften füllen und die Garnelen hinzufügen. Kalt servieren.

TIPPS

- *Damit die Melonenhälften einen besseren Stand erhalten, den Boden etwa 2–3 Zentimeter gerade abschneiden.*
- *Mit dem Melonenfleisch lassen sich leckere, leichte Desserts herstellen, zum Beispiel Meloneneis: Melonenfruchtfleisch mit Orangensaft, Orangenblütenwasser und etwas Honig pürieren und gefrieren. Mit geschlagener Sahne servieren.*

Asien

Rührei mit schwarzen Pilzen

EIWEISS

Für 1 Portion
Zubereitungszeit: ca. 35 Min.
ca. 420 kcal je Portion

2 Eier
1 Msp. Sambal Oelek
1/2 TL Sojasauce
etwas Meersalz und Cayennepfeffer
50 g getr. Mu-err-Pilze
1/2 kleine Schalotte
1 EL Sonnenblumenöl
1 EL geh. Kerbel
1 EL Schnittlauchröllchen

1. Die Eier mit dem Sambal Oelek, der Sojasauce, Salz und Cayennepfeffer verquirlen.
2. Die Pilze etwa 30 Minuten in lauwarmem Wasser einweichen. Inzwischen die Schalotte schälen und würfeln. Dann die Pilze abtropfen lassen und die Stiele abschneiden.
3. Das Öl in einer Pfanne erhitzen. Die Schalotte darin glasig braten. Die Pilze hinzufügen und alles etwa 2 Minuten braten. Mit wenig Salz und Pfeffer abschmecken.
4. Anschließend Kerbel und Schnittlauch unter die Eiermasse rühren. Alles in die Pfanne gießen und unter Rühren stocken lassen.

TIPP

Essen Sie frisch geraspelte Möhren oder eine andere Gemüserohkost zu dem Rührei.

Asien

Tomaten-Zwiebel-Salat

N NEUTRAL

Für 1 Portion
Zubereitungszeit: ca. 25 Min.
Kühlzeit: ca. 30 Min.
ca. 170 kcal je Portion

2 Tomaten
1 kleine grüne Chilischote
1 Frühlingszwiebel
1 Stück Ingwer (ca. 1 cm)
1 TL Sonnenblumenöl
1 TL schwarze Senfsamen
1 Curryblatt, 1 Pr. Asant
etwas Meersalz
75 g Joghurt

1. Die Tomaten über Kreuz einritzen, mit kochendem Wasser überbrühen, abschrecken und enthäuten. Sie vierteln, von den Stielansätzen befreien und entkernen.

2. Den Chili waschen, längs aufschneiden, entkernen und in feine Ringe schneiden.
Die Frühlingszwiebel putzen, waschen und in feine Ringe schneiden. Den Ingwer schälen und klein würfeln.

3. Das Öl in einem Wok erhitzen. Ingwer und Senfsamen darin 2–3 Minuten anbraten. Tomaten, Chili, Frühlingszwiebel, Curryblatt, Asant und Salz hinzufügen und alles unter Rühren etwa 7 Minuten dünsten. Die Tomatenmischung aus dem Wok nehmen und abkühlen lassen.

4. Den Joghurt unterrühren und alles vor dem Servieren etwa 30 Minuten kühl stellen.

TÜRKEI

Türkischer Salat mit Minze

NEUTRAL

Für 2 Portionen
Zubereitungszeit: ca. 30 Min.
ca. 330 kcal je Portion

3 kleine Frühlingszwiebeln
1 kleiner Bund Petersilie
1/2 kleiner Bund Pfefferminze
150 g Schafskäse (Feta)
100 g Buttermilch
1 fein geh. Knoblauchzehe
3 Tomaten, 1 Salatgurke
1 1/2 EL kaltgepresstes Olivenöl
1 TL Meersalz
10 schwarze Oliven

1. Die Frühlingszwiebeln putzen, waschen und fein hacken. Die Petersilien- und die Minzezweige waschen und trockenschütteln. Die Blättchen abzupfen und sehr fein hacken.
2. Den Schafskäse mit einer Gabel fein zerdrücken und mit der Buttermilch verrühren. Die Kräutermischung, die Frühlingszwiebeln und den Knoblauch darunter rühren.
3. Die Tomaten waschen, vierteln, von den Stielansätzen befreien, entkernen und fein würfeln. Die Gurke schälen, der Länge nach vierteln und die Kernchen mit einem Löffel herausschaben. Die Gurke in mittelgroße Würfel schneiden.
4. Tomaten- und Gurkenwürfel auf einer Platte anrichten. Mit dem Olivenöl beträufeln und leicht salzen.
5. Den gewürzten Schafskäse in die Mitte geben. Alles mit den schwarzen Oliven garnieren.

USA

Gemüseplatte mit Spinatdip

EIWEISS

Für 1 Portion
Zubereitungszeit: ca. 30 Min.
ca. 455 kcal je Portion

400 g frisches Gemüse (z. B. Möhren, Staudensellerie, Champignons, Paprika, Radieschen, Brokkoliröschen)
100 g frischer Blattspinat
1/2 Knoblauchzehe
80 g saure Sahne
1 EL Molkosan
1 EL geriebener Parmesan
etwas Meersalz
1 EL Walnusskerne

1. Das Gemüse waschen, putzen, evtl. schälen. Die Pilze mit Küchenkrepp reinigen, Stiele und braune Stellen entfernen. Alles in mundgerechte Streifen oder Stücke schneiden. Auf einem Teller anrichten.
2. Für den Dip den Spinat verlesen, dabei harte Stiele entfernen. Die Spinatblätter gründlich waschen, abtropfen lassen und grob zerkleinern. Die Knoblauchzehe schälen und halbieren.
3. Spinat, saure Sahne, Molkosan, den geriebenen Parmesan und die halbe Knoblauchzehe in ein hohes Gefäß geben und alles mit dem Pürierstab fein mixen. Mit Salz pikant würzen.
4. Den Dip anschließend in ein Schälchen füllen und zu dem vorbereiteten Gemüse servieren. Die Walnusskerne dazureichen.

VARIATION

Für die Gemüseplatte eignet sich auch ein Avocadodip: Eine reife, geschälte und zerdrückte Avocado mit saurer Sahne oder Joghurt verrühren, mit Salz, Cayennepfeffer und Zitronensaft würzen. Eventuell noch etwas Dill hinzugeben.

Bunter Salat mit Manchego

SPANIEN

Bunter Salat mit Manchego

E EIWEISS

Für 2 Portionen

Zubereitungszeit: ca. 25 Min.

ca. 490 kcal je Portion

je 1 gelbe und 1 grüne Paprikaschote
2 Tomaten
1 kleine Salatgurke
1 kleine Knoblauchknolle
2 1/2 EL kaltgepresstes Olivenöl
2 EL Zitronensaft
100 ml Wasser
1/2 TL Meersalz
100 g Manchego-Käse
12 schwarze Oliven
3 EL geh. glattblättrige Petersilie

1. Die Paprikaschoten waschen, halbieren, putzen, entkernen und in kleine Würfel schneiden. Die Tomaten waschen, vierteln, entkernen, von den Stielansätzen befreien und in feine Würfel schneiden.

2. Die Salatgurke schälen, der Länge nach vierteln, mit einem Löffel entkernen. Dann die Gurke in dünne Spalten schneiden. Alles sorgfältig in einer Schüssel mischen.

3. Den Knoblauch in Zehen zerlegen. 1 EL Olivenöl in einer kleinen Pfanne erhitzen und den Knoblauch darin ungeschält braten.

4. Für die Sauce 1 1/2 EL Öl mit Zitronensaft, Wasser und Salz verrühren und über den Salat gießen.

5. Den Käse in kleine Würfel schneiden und mit dem Knoblauch und den Oliven auf dem Salat verteilen. Mit der gehackten Petersilie bestreuen.

TIPP

Manchego-Käse ist ein spanischer Hartkäse, der aus Schaf- oder Ziegenmilch hergestellt wird. Ersatzweise kann auch Harvarti genommen werden.

ITALIEN

Tomatenmousse mit Garnelen

EIWEISS

Für 2 Portionen
Zubereitungszeit: ca. 40 Min.
Kühlzeit: ca. 1 Std.
ca. 310 kcal je Portion

2 Blatt weiße Gelatine
4 große Tomaten
etwas Meersalz
1 Pr. Cayennepfeffer
1/2 TL Ahornsirup
100 g Mascarpone (italienischer Frischkäse)
4 geschälte Garnelen (frisch oder TK)
1 unbehandelte Zitrone
2 große Salatblätter

1. Die Gelatine nach Packungsanweisung in kaltem Wasser einweichen. Inzwischen die Tomaten über Kreuz einritzen, mit kochendem Wasser überbrühen, abschrecken und enthäuten. Tomaten vierteln, entkernen und die Stielansätze abschneiden. Das Fruchtfleisch pürieren und mit Salz, Cayennepfeffer und Sirup abschmecken.

2. Die Gelatine ausdrücken, im warmen Wasserbad auflösen und unter die Tomaten rühren. Das Ganze etwa 20 Minuten ruhen lassen. Anschließend den Mascarpone unter die Masse ziehen, diese in 2 Förmchen (je 100 ml Fassungsvermögen) füllen und für etwa 1 Stunde kalt stellen.

3. In der Zwischenzeit die Garnelen in leicht gesalzenem Wasser bei mittlerer Hitze kurz garen. Die Zitrone in Scheiben schneiden und die Salatblätter waschen.

4. Zum Servieren die Förmchen kurz in warmes Wasser stellen. Die Mousse am Rand leicht lösen und auf 2 Teller stürzen. Jede Portion mit 2 Garnelen, Zitronenscheiben und 1 Salatblatt garnieren.

ITALIEN

Knoblauchgarnelen in Sahne

EIWEISS

Für 2 Portionen
Zubereitungszeit: ca. 20 Min.
ca. 280 kcal je Portion

12 Riesengarnelen (frisch)
etwas Meersalz
1 kleiner Bund Suppengrün
1 EL Butter
1–2 Knoblauchzehen
50 ml Sahne
2 EL geh. Petersilie

1. Den Kopf, die Schale und das Schwanzende der Garnelen entfernen. Die Garnelen dann längs mit einem spitzen Messer einschneiden und den dunklen Darm herausziehen. Das Garnelenfleisch in wenig Salzwasser 4–5 Minuten garen, aus dem Wasser nehmen und beiseite legen.

2. Das Suppengrün putzen, waschen und in feine Ringe oder Streifen schneiden. Die Butter in einer Pfanne zerlassen. Das Gemüse darin unter Rühren andünsten. Den Knoblauch schälen und dazudrücken.

3. Dann die Garnelen zu dem Gemüse geben und unter Wenden etwa 3 Minuten braten. Die Sahne dazugießen und alles mit der gehackten Petersilie bestreuen.

TIPPS

- *Zu den Knoblauchgarnelen passt feines Lauchgemüse, abgeschmeckt mit Salz, Cayennepfeffer, Gemüsebrühe (Instant) und Zitronensaft.*
- *Dekorativer sehen die Riesengarnelen aus, wenn Sie das Schwanzende beim Auslösen nicht abschneiden.*

oben: Tomatenmousse mit Garnelen
unten: Knoblauchgarnelen in Sahne

Vorspeisen und Suppen

Asien Garnelen mit Staudensellerie

EIWEISS

Für 2 Portionen
Zubereitungszeit: ca. 30 Min.
ca. 180 kcal je Portion

100 g Staudensellerie
1 kleine Möhre
1 EL Sesamöl
etwas Meersalz
1 Pr. Cayennepfeffer
200 g rohe geschälte Garnelen
1/2 Stange Lauch
1 Stück Ingwer (ca. 2 cm)
1/4 l vegetarische Gemüsebrühe (Instant)
1 TL Reiswein

1. Einen Topf mit wenig Wasser aufsetzen. Den Sellerie putzen und die Möhre schälen. Beides waschen und in etwa 4 cm große Stücke schneiden. Sollten die Stücke zu dick sein, diese noch einmal längs halbieren. Die Gemüsestücke anschließend in kochendem Wasser etwa 5 Minuten blanchieren.

2. Das Gemüse herausnehmen, abtropfen lassen und in eine Schüssel geben. Mit dem Sesamöl, Salz und Cayennepfeffer mischen.

3. Die Garnelen abspülen, trockentupfen und einmal quer durchschneiden. Den Lauch putzen, waschen und in schmale Scheiben schneiden. Den Ingwer schälen und klein würfeln.

4. Die Brühe mit Lauch, Ingwer und Reiswein zum Kochen bringen. Die Garnelen hineingeben und alles etwa 8 Minuten garen. Lauch und Garnelen herausfischen, abkühlen lassen und zusammen mit der Sellerie-Möhren-Mischung auf 2 Tellern anrichten.

Asien Sashimi vom Lachs

EIWEISS

Für 2 Portionen
Zubereitungszeit: ca. 45 Min.
ca. 510 kcal je Portion

1 kleine Schalotte
Saft von 1/2 Limette
1 EL Reisessig
1/2 TL gem. Koriander
1 EL geh. Petersilie
etwas Meersalz
etwas Cayennepfeffer
3 EL Olivenöl
1 Avocado
150 g rohes Lachsfilet
150 g Cocktailtomaten
einige junge Löwenzahnblätter

1. Die Schalotte schälen und fein hacken. Mit Limettensaft, Essig, Koriander, Petersilie, Salz und Cayennepfeffer zu einer Vinaigrette verrühren. 2 EL Olivenöl unterrühren.

2. Die Avocado halbieren, entkernen, schälen und in Scheiben schneiden. In einem Wok 1 EL Olivenöl erhitzen und die Avocadoscheiben bei schwacher Hitze ganz kurz darin anbraten. Aus dem Wok nehmen und mit Salz und Cayennepfeffer bestreuen.

3. Das verbliebene Öl mit der Vinaigrette auffüllen und verrühren. Den Lachs mit einem scharfen Messer in feine Scheiben schneiden.

4. Die Cocktailtomaten waschen und halbieren. Den Löwenzahn waschen. Avocadoscheiben, Lachsscheiben, Cocktailtomaten und Löwenzahn auf 2 Tellern anrichten und mit der Vinaigrette-Mischung beträufeln.

oben: Garnelen mit Staudensellerie
unten: Sashimi vom Lachs

ITALIEN

Zucchini mit Kräutern

NEUTRAL

Für 2 Portionen

Zubereitungszeit: ca. 20 Min.

ca. 150 kcal je Portion

300 g kleine Zucchini
etwas Meersalz
2 EL Olivenöl
je 2 Zweige Minze und Basilikum
½ Bund glattblättrige Petersilie
2 Knoblauchzehen
3 EL Obstessig
1 TL Ahornsirup

1. Zuerst die Zucchini waschen, putzen und in etwas dickere Scheiben schneiden. Mit Salz bestreuen und etwa 10 Minuten ziehen lassen.

2. Das Öl in einer Pfanne erhitzen. Die Zucchini sorgfältig mit Küchenkrepp abtupfen und in dem Öl anbraten. Sie dann in eine Schüssel füllen.

3. Für die Marinade die Kräuter waschen, trockenschütteln und hacken. Den Knoblauch schälen und zu den Kräutern drücken. Die Hälfte dieser Mischung mit Essig, Salz und Sirup verrühren und mit den Zucchini mischen.

4. Die restliche Kräuter-Knoblauch-Mischung auf den Zucchini verteilen und alles zugedeckt etwa 2 Stunden durchziehen lassen.

TIPP

Die marinierten Zucchini schmecken lecker zu gebratenem oder gegrilltem Fleisch. Sie lassen sich auch mit anderen Gemüsesorten zu einem Antipasti-Teller ergänzen.

Asien

Poulardenbrust mit Sprossen

EIWEISS

Für 2 Portionen

Zubereitungszeit: ca. 45 Min.

ca. 480 kcal je Portion

300 ml Hühnerbrühe
1 EL Balsamico-Essig
1 EL Sojasauce
etwas Meersalz
1 Pr. Cayennepfeffer
1 EL Sesamöl
2 EL Maiskeimöl
2 EL Sesamsamen
1/2 EL Currypulver
150 g Sojasprossen
1 kleiner Chicorée
1 Lorbeerblatt
1 Thymianzweig
1 Poulardenbrust (ca. 250 g)

1. Für die Vinaigrette 50 ml Brühe mit Essig, Sojasauce, Salz und Cayennepfeffer verrühren. Das Sesamöl und 1 EL Maiskeimöl untermischen.

2. Die Sesamsamen in einer Pfanne oder einem Wok ohne Fettzugabe unter Rühren rösten. Sesam herausnehmen, den Curry dazugeben und alles mit der Vinaigrette verrühren.

3. Die Sojasprossen waschen und gut abtropfen lassen. Die Chicoréeblätter vom Strunk trennen, waschen und in Streifen schneiden. 1 EL Maiskeimöl in einem Wok erhitzen und die Sprossen darin anbraten. Die Chicoréestreifen hinzufügen und einige Minuten mitdünsten. Beides auf 2 Tellern anrichten und mit der Hälfte der Vinaigrette übergießen.

4. Die restliche Brühe mit dem Lorbeerblatt und dem Thymianzweig in einem Topf mit Siebeinsatz zum Kochen bringen. Das Fleisch waschen, trockentupfen, auf den Einsatz legen und zugedeckt bei starker Hitze 10 Minuten dämpfen.

5. Die Poulardenbrust schräg in Scheiben schneiden, auf den Tellern anrichten und mit der restlichen Vinaigrette beträufeln.

USA Röstknoblauch mit Ziegenkäse

KOHLENHYDRAT

Für 2 Portionen
Zubereitungszeit: ca. 30 Min.
Backzeit: ca. 1 Std.
ca. 285 kcal je Portion

1 1/2 Knoblauchknollen
2 EL kaltgepresstes Olivenöl
25 g getr., in Öl eingelegte Tomaten
1 EL geh. Thymian
100 ml vegetarische Gemüsebrühe (Instant)
75 g Ziegenfrischkäse

1. Den Backofen auf 180 °C (Umluft 150 °C, Gas Stufe 2) vorheizen. Die Knoblauchknollen in Zehen zerteilen, aber nicht schälen. Die Zehen in eine feuerfeste Form legen und mit Olivenöl beträufeln.
2. Die Tomaten in feine Streifen schneiden. Zusammen mit dem gehackten Thymian auf den Knoblauchzehen verteilen. Die Hälfte der Brühe angießen und alles im Ofen etwa 1 Stunde garen lassen. Dabei von Zeit zu Zeit immer wieder ein wenig von der Brühe nachgießen.
3. Nach etwa 50 Minuten den Ziegenkäse würfeln und über den Knoblauch geben. Alles für weitere 10 Minuten backen.

TIPP
Als Beilage zum Röstknoblauch passen sehr gut Vollkornbrötchen oder Vollkornbaguette.

USA Gebackener Ziegenkäse

KOHLENHYDRAT

Für 2 Portionen
Zubereitungszeit: ca. 25 Min.
Marinierzeit: ca. 1–2 Tage
ca. 380 kcal je Portion

100 g frischer Ziegenkäse (als Rolle)
1 EL geh. Petersilie
1 TL geh. Thymian
1/2 TL geh. Rosmarin
4 EL kaltgepresstes Olivenöl
1 kleine Knoblauchzehe
1 EL Molkosan
Meersalz
1 Scheibe Vollkorntoastbrot
einige Blätter Blattsalate (z. B. Lollo Rosso, Feldsalat, Rauke, Eichblattsalat)
2 EL geh. Petersilie

1. Den Ziegenkäse in 4 Scheiben schneiden. Die gehackten Kräuter mit 2 EL Olivenöl mischen. Den Käse darin einlegen und 1–2 Tage zugedeckt im Kühlschrank ziehen lassen. Dabei den Käse ab und zu wenden.
2. Für das Dressing den Knoblauch schälen. Molkosan und 2 EL Öl in eine Schüssel geben, den Knoblauch dazupressen. Alles verrühren und mit Salz abschmecken. Den Backofen auf 200 °C (Umluft 170 °C, Gas Stufe 3) vorheizen.
3. Die Scheibe Vollkorntoast kräftig toasten, abkühlen lassen und fein zerbröseln.
4. Den Ziegenkäse aus der Olivenöl-Kräuter-Marinade nehmen, abtropfen lassen, mit den Bröseln panieren und im Backofen 10–15 Minuten backen. Er ist fertig, wenn er auf Druck leicht nachgibt.
5. Inzwischen die Salatblätter waschen, trockenschütteln und in mundgerechte Stücke zerpflücken. Den Salat mit dem Dressing mischen und auf 2 Tellern verteilen. Den gebackenen Käse auf dem Salat anrichten und mit gehackter Petersilie bestreuen.

oben: Röstknoblauch mit Ziegenkäse
unten: Gebackener Ziegenkäse

ITALIEN

Kalte italienische Sommersuppe

N NEUTRAL

Für 2 Portionen
Zubereitungszeit: ca. 20 Min.
Kühlzeit: ca. 15 Min.
ca. 170 kcal je Portion

1/2 große Salatgurke
1 kleine Zucchini
2 Frühlingszwiebeln
1 Knoblauchzehe
2 EL kaltgepresstes Olivenöl
300 ml vegetarische Gemüsebrühe (Instant)
50 g saure Sahne
3 EL frisch geh. Kräuter (z. B. Dill, Petersilie, Kerbel)

1. Die Gurke schälen, der Länge nach vierteln und die Kerne mit einem Löffel herausschaben. Die Zucchini waschen und das Stielende abschneiden. Die Gurke und die Zucchini in grobe Stücke schneiden.
2. Die Frühlingszwiebeln putzen, waschen und in Ringe schneiden. Den Knoblauch schälen und in kleine Stücke hacken.
3. Das Öl in einem Topf erhitzen, die Zwiebelringe und den Knoblauch darin glasig dünsten. Die Gurken- und Zucchiniwürfel dazugeben, kurz schmoren und alles mit der Brühe ablöschen. Das Ganze zugedeckt etwa 10 Minuten köcheln lassen.
4. Anschließend alles mit dem Pürierstab fein mixen. Die Suppe abkühlen lassen, dann die saure Sahne unterziehen. Mit den gehackten Kräutern bestreuen und kalt servieren.

Asien

Tomatensuppe mit Rindfleisch

E EIWEISS

Für 2 Portionen
Zubereitungszeit: ca. 1 1/4 Std.
ca. 320 kcal je Portion

200 g Rindfleisch (Hüfte oder falsches Filet)
300 g Tomaten
1 Knoblauchzehe
1/2 Stange Lauch
1 kleine grüne Chilischote
1/2 Stiel Zitronengras
2 EL Sesamöl
2 EL Reiswein
etwas Meersalz
1 EL Basilikum

1. Das Fleisch waschen, trockentupfen und in kleine Würfel schneiden. Die Tomaten über Kreuz einritzen, mit kochendem Wasser überbrühen, abschrecken und enthäuten. Sie von den Stielansätzen befreien, entkernen und das Fruchtfleisch in Spalten schneiden.
2. Den Knoblauch schälen und in feine Scheiben schneiden. Den Lauch putzen, waschen und in Ringe schneiden. Die Chilischote waschen, der Länge nach durchschneiden, entkernen und in feine Streifen schneiden. Das Zitronengras waschen und klein schneiden.
3. Das Öl in einem Wok erhitzen. Die Fleischwürfel darin kräftig von allen Seiten anbraten. Tomaten, Chili, Knoblauch und Zitronengras hinzufügen und ebenfalls einige Minuten mitbraten.
4. Dann 1/2 Liter Wasser angießen und alles bei schwacher Hitze etwa 1 Stunde leicht köcheln lassen. Den Lauch zum Ende der Garzeit dazugeben und etwa 5 Minuten mitgaren lassen.
5. Die Suppe mit Reiswein und Salz abschmecken. Das Basilikum waschen, in Streifen schneiden und die Suppe damit bestreuen.

Bouillabaisse

Frankreich

Bouillabaisse

NEUTRAL

Für 2 Portionen
Zubereitungszeit: ca. 1 Std.
ca. 230 kcal je Portion

1 kleine Zwiebel oder Schalotte
1 feste Fleischtomate
1 kleine Fenchelknolle (ca. 150 g)
300 g gemischtes Fischfilet (am besten Mittelmeerfische wie Seewolf, Seeteufel, Dorade etc.)
500 ml vegetarische Gemüsebrühe (Instant)
1 Döschen (0,2 g) Safranpulver
etwas Kräutersalz
1 Msp. Cayennepfeffer

1. Die Zwiebel schälen und in sehr feine Streifen schneiden. Die Tomate über Kreuz einritzen und für etwa 10 Sekunden in kochendes Wasser geben. Sie danach abschrecken und enthäuten. Den Stielansatz keilförmig herausschneiden. Nun das Fruchtfleisch vierteln, entkernen und in etwa 1 cm große Würfel schneiden.

2. Den Fenchel waschen und putzen. Anschließend in sehr feine Streifen schneiden. Den Fisch waschen, trockentupfen und die Filets in etwa 3 cm große Stücke schneiden.

3. Die Brühe in einen Topf geben, den Safran hinzufügen und alles erhitzen. Die Zwiebel- und die Fenchelstreifen hineingeben, einmal darin aufkochen und danach etwa 3 Minuten zugedeckt köcheln lassen.

4. Die Fischstücke in den Fond geben und das Ganze einmal aufkochen. Die Suppe noch etwa 5 Minuten zugedeckt bei schwacher Hitze köcheln lassen. Mit Salz und Cayennepfeffer abschmecken und danach sofort servieren.

SPANIEN

Gazpacho

EIWEISS

Für 2 Portionen
Zubereitungszeit: 20 Min.
Kühlzeit: 30 Min.
ca. 160 kcal je Portion

1 Zwiebel
1/2 kleine Salatgurke
1–2 Knoblauchzehen
4 Tomaten
1 rote Paprikaschote
1/2 TL Meersalz
1 Msp. Cayennepfeffer
1 EL Zitronensaft
1 1/2 EL kaltgepresstes Olivenöl
1/8 l Eiswasser
1 kleine grüne Paprikaschote

1. Die Zwiebel und die Gurke schälen und beides würfeln. Den Knoblauch schälen und durch eine Presse drücken. Die Tomaten über Kreuz einritzen, mit kochendem Wasser überbrühen, abschrecken und enthäuten. Tomaten vierteln, entkernen und die Stielansätze abschneiden. Das Fruchtfleisch würfeln.
2. Die rote Paprikaschote waschen, putzen, entkernen und in grobe Stücke schneiden.
3. Das Gemüse pürieren und mit Salz, Knoblauch, Cayennepfeffer, Zitronensaft und Olivenöl abschmecken.
4. Das Ganze mit Eiswasser auffüllen und etwa 30 Minuten im Kühlschrank durchkühlen lassen. Inzwischen die grüne Paprikaschote waschen, halbieren, putzen, entkernen und fein würfeln. Vor dem Servieren über das Gazpacho streuen.

SPANIEN

Mallorquinische Hühnersuppe

EIWEISS

Für 2 Portionen
Zubereitungszeit: ca. 1 Std.
ca. 340 kcal je Portion

400 g Hühnerklein
600 ml Wasser
1 TL Meersalz
1/2 TL Cayennepfeffer
1 Bund Suppengrün
2 EL Schnittlauchröllchen

1. Das Hühnerklein in dem Wasser zum Kochen bringen. Mit Salz und Cayennepfeffer würzen. Im geschlossenen Topf bei mittlerer Hitze etwa 30 Minuten köcheln lassen.
2. Anschließend die Brühe durch ein Sieb in einen anderen Topf umgießen. Das Suppengrün putzen, waschen und in kleine Würfel schneiden. Dann zur Brühe geben.
3. Das Hühnerklein von den Knochen lösen, klein schneiden und ebenfalls zur Brühe geben. Zugedeckt etwa 20 Minuten bei geringer Hitze garen. Zum Schluss die Suppe mit den Schnittlauchröllchen bestreut servieren.

TIPP

Sie sparen Zeit, wenn Sie von der Hühnersuppe eine größere Menge zubereiten: Nehmen Sie dazu ein Suppenhuhn, füllen so viel kaltes Wasser auf, dass es gerade bedeckt ist, und garen es wie im Rezept beschrieben etwa 1 Stunde. Erhöhen Sie dann auch die Gemüsemenge (Möhren, Sellerie, Lauch oder Frühlingszwiebeln).

oben: Gazpacho
unten: Mallorquinische Hühnersuppe

SPANIEN

Katalanische Paprikasuppe

EIWEISS

Für 2 Portionen
Zubereitungszeit: ca. 40 Min.
ca. 290 kcal je Portion

1 rote Paprikaschote
2 Tomaten, 3 Schalotten
1 Stück Sellerie (ca. 125 g)
1 große Möhre
2 EL kaltgepresstes Olivenöl
3/8 l vegetarische Gemüsebrühe (Instant)
1/2 TL Thymian, 1/2 TL Oregano
1 Msp. Cayennepfeffer
1 Msp. geriebene Muskatnuss
1 TL Rosenpaprika
1 Eigelb
2 EL geriebener Parmesankäse

1. Die Paprika waschen, vierteln, putzen, entkernen und würfeln. Die Tomaten über Kreuz einritzen, mit kochendem Wasser überbrühen und enthäuten. Tomaten vierteln, entkernen und die Stielansätze abschneiden. Das Fruchtfleisch würfeln. Die Schalotten schälen, würfeln. Den Sellerie und die Möhren schälen und würfeln.

2. Das Olivenöl in einem Topf erhitzen und die Schalottenwürfel darin glasig dünsten. Dann nach und nach das restliche Gemüse unter Rühren hinzufügen und gut durchschmoren lassen.

3. Die Brühe aufgießen und die Suppe etwa 10 Minuten bei mittlerer Hitze köcheln lassen. Mit Thymian, Oregano, Pfeffer, der geriebenen Muskatnuss und Rosenpaprika pikant würzen.

4. Das Eigelb mit etwas heißer Suppe verrühren. Die Suppe vom Herd nehmen und das Eigelb vorsichtig unterrühren. Zum Schluss alles mit geriebenem Parmesankäse bestreuen.

USA Maissuppe mit Okraschoten

EIWEISS

Für 2 Portionen
Zubereitungszeit: ca. 35 Min.
ca. 210 kcal je Portion

2 mittelgroße Gemüsemaiskolben
½ l Hühnerbrühe (Instant)
50 g Okraschoten
1 Stange Staudensellerie
1 Knoblauchzehe
50 g geräucherter Putenbrustaufschnitt
1 TL Butter
200 ml Milch
Meersalz
1 EL geh. Petersilie

1. Die Maiskolben sorgfältig putzen, das heißt Blätter und Haare entfernen, und unter fließendem Wasser waschen. Anschließend Maiskörner vom Kolben lösen. Die Hühnerbrühe aufkochen und die Maiskörner darin etwa 5 Minuten garen.
2. Okraschoten waschen, putzen, in feine Ringe schneiden. Staudensellerie putzen, waschen und fein würfeln. Den Knoblauch schälen und durchpressen. Alles zusammen in die Brühe geben und etwa 15 Minuten bei mittlerer Hitze köcheln lassen.
3. Inzwischen die Putenbrust in feine Streifen schneiden. Die fertig gegarte Suppe mit Butter und Milch verfeinern, die Putenbruststreifen hinzufügen und alles nochmals kurz aufkochen lassen. Die Suppe zuletzt mit Salz abschmecken und mit gehackter Petersilie bestreuen.

TIPP

Lösen Sie die Maiskörner vom Kolben, indem Sie mit einem Messer rechts und links von einer Maiskornreihe entlangfahren und diese herauslösen. Die übrigen Reihen mit dem Messer abheben.

Asien Reisnudelsuppe

KOHLENHYDRAT

Für 2 Portionen
Zubereitungszeit: ca. 20 Min.
ca. 160 kcal je Portion

100 g Reisnudeln
100 g thailändischer Senfspinat (ersatzweise Blattspinat)
75 g Sojabohnensprossen
1 Knoblauchzehe, 1 TL Öl
2 EL Sojasauce, etwas Meersalz
etwas Cayennepfeffer
1 EL geh. Korianderblättchen

1. Die Reisnudeln in eine Schüssel geben, mit heißem Wasser übergießen und etwa 5 Minuten einweichen lassen. Die Nudeln abgießen und mit der Schere einige Male durch schneiden.
2. Den Spinat waschen und die harten Stiele entfernen. Die Sojabohnensprossen kurz abspülen. Den Knoblauch schälen und fein hacken. Das Öl in einem Wok erhitzen und den Knoblauch darin goldgelb braten.
3. 400 ml Wasser, Sojasauce, etwas Salz und Cayennepfeffer hinzufügen und die Flüssigkeit zum Kochen bringen. Spinat und Sojabohnensprossen in die Suppe geben und aufkochen lassen. Die Reisnudeln hinzufügen. Die Suppe nochmals aufkochen lassen und mit Koriander bestreuen.

Asien Gemüsesuppe mit Ingwer

NEUTRAL

Für 2 Portionen
Zubereitungszeit: ca. 30 Min.
ca. 90 kcal je Portion

1 Schalotte
1 kleine Knoblauchzehe
1 Stück Ingwer (ca. 2 cm)
75 g Petersilienwurzeln
1 Möhre
1/2 Stange Lauch
1/2 Fenchelknolle
1 EL Butter
300 ml vegetarische Gemüsebrühe (Instant)
etwas Meersalz
1 Pr. gem. Anis
1 EL geh. Korianderblättchen

1. Die Schalotte, den Knoblauch, den Ingwer, die Petersilienwurzeln und die Möhre schälen, eventuell waschen und alles fein würfeln. Den Lauch putzen, waschen und in Ringe schneiden. Den Fenchel putzen, waschen und in Scheiben schneiden.
2. Die Butter in einem Wok zerlassen. Schalotte, Knoblauch, Ingwer und das Gemüse darin einige Minuten anbraten. Die Brühe hinzufügen, zugedeckt bei schwacher Hitze garen.
3. Die Suppe pürieren und mit Salz sowie Anis abschmecken. Die gehackten Korianderblättchen darüber streuen.

INGWER

- *Der würzig scharfe Ingwer darf in der asiatischen Küche nicht fehlen: Er gehört zu den wichtigsten Gewürzen, wird aber auch als delikates Gemüse zu Fleisch und Geflügel serviert. Frische Ingwerwurzeln müssen vor der Zubereitung geschält werden. Sie können ihn in Scheiben, Streifen oder in Würfel geschnitten verwenden.*
- *Kaufen Sie ruhig etwas mehr Ingwer. Er hält sich in Papier eingeschlagen im Gemüsefach des Kühlschranks 2–3 Wochen.*

oben: Reisnudelsuppe
unten: Gemüsesuppe mit Ingwer

ITALIEN

Neapolitanische Tomatensuppe

EIWEISS

Für 2 Portionen

Zubereitungszeit: ca. 35 Min.

ca. 360 kcal je Portion

100 g Knollensellerie
1 Zwiebel
1–2 Knoblauchzehen
1/2 kleiner Bund Petersilie
600 g reife Tomaten
1/8 l Wasser
2 EL kaltgepresstes Olivenöl
1/8 l trockener Rotwein
1/2 TL Chilipulver
2 EL vegetarische Gemüsebrühe (Instant)
1/2 TL Honig, 6 EL Sahne
8 Basilikumblättchen

1. Den Sellerie schälen, waschen und klein würfeln. Die Zwiebel und den Knoblauch schälen und grob hacken. Die Petersilie waschen, trockenschütteln und von den Stielen zupfen.

2. Die Tomaten waschen, halbieren und in Wasser etwa 5 Minuten kochen. Die gekochten Tomaten durch ein Sieb streichen.

3. Das Öl in einem Topf erhitzen. Sellerie, Zwiebel und Knoblauch darin anbraten. Die passierten Tomaten sowie die Petersilie dazugeben und den Rotwein angießen. Mit Chili, Gemüsebrühe und Honig pikant würzen. Zugedeckt etwa 15 Minuten bei mittlerer Hitze köcheln lassen.

4. Anschließend die Suppe mit dem Pürierstab fein mixen und mit der Sahne verfeinern. Die gewaschenen Basilikumblättchen darüber streuen.

TIPP

Verwenden Sie für dieses Gericht nur reife Tomaten. Noch aromatischer schmeckt die Suppe, wenn Sie sie mit italienischen Flaschentomaten zubereiten.

Asien

Geflügel-Kokos-Suppe

EIWEISS

Für 2 Portionen
Zubereitungszeit: ca. 40 Min.
ca. 190 kcal je Portion

150 g Hähnchenbrustfilet
2 Schalotten
1 Knoblauchzehe
1 kleine rote Chilischote
1/2 unbehandelte Limette
100 g frischer Blattspinat
1 EL Öl
200 ml ungesüßte Kokosmilch
1 EL Currypulver (scharf)
300 ml vegetarische Gemüsebrühe (Instant)
etwas Meersalz und Cayennepfeffer

1. Das Fleisch in kleine Würfel schneiden. Schalotten, Knoblauch und Chilischote fein würfeln.
2. Die Limette heiß abwaschen, die Schale fein abreiben und eine Limettenhälfte auspressen. Den Spinat waschen und die Stiele entfernen.
3. Das Öl in einem Wok erhitzen. Darin Knoblauch, Chili, Schalotten und Limettenschale unter Rühren braten. Die Hälfte der Kokosmilch und das Currypulver hinzufügen und etwa 3 Minuten köcheln lassen. Das Fleisch dazugeben und etwa 10 Minuten gar ziehen lassen.
4. Mit der restlichen Kokosmilch und der Brühe noch einmal aufkochen lassen. Den Spinat hinzufügen und weitere 2 Minuten in der Suppe ziehen lassen. Sie dann mit Limettensaft, Salz und Pfeffer abschmecken.

TIPP

Sie können die Kokosmilch auch selbst herstellen: 250 g Kokosraspel mit 1/2 l kochendem Wasser überbrühen und 20 Minuten ziehen lassen. Dann die Raspel in einem sauberen Küchenhandtuch ausdrücken und die Flüssigkeit auffangen.

Hauptgerichte mit Fleisch & Fisch

TÜRKEI

Türkische Hackröllchen mit Gurkenjoghurt und Feldsalat

EIWEISS

Für 2 Portionen

Zubereitungszeit: ca. 40 Min.

ca. 730 kcal je Portion

Für die Hackröllchen:
4 Zweige glatte Petersilie
300 g Rinder- oder Lammhackfleisch
1 Ei
etwas Meersalz
1 Msp. Cayennepfeffer
1/4 TL Kreuzkümmelpulver
2 Msp. Korianderpulver
2 Msp. Kümmelpulver
1 Msp. Pimentpulver
2 Msp. Rosenpaprika
2 EL kaltgepresstes Sonnenblumenöl

Für den Gurkenjoghurt:
1 Stück Gurke (ca. 10 cm)
1 Knoblauchzehe
1/2 Bund Dill
250 g Joghurt (3,5 % Fett)
etwas Kräutersalz
1 Msp. Cayennepfeffer

Für den Feldsalat:
1 1/2 TL Zitronensaft
2 EL kaltgepresstes Olivenöl
etwas flüssiger Honig
1 gestr. TL Senfpulver
etwas Meersalz
100 g geputzter Feldsalat

1. Die Petersilie waschen, trockentupfen und die harten Stiele entfernen. Die Blätter fein hacken und mit den restlichen Zutaten für die Hackröllchen (außer dem Öl) in einer Schüssel gut verkneten. Das Ganze kräftig abschmecken.

2. Aus der Masse 8–10 kleine Röllchen von etwa 5 cm Länge und 3 cm Dicke formen. Das Öl in einer Pfanne erhitzen und die Röllchen darin bei mittlerer Hitze rundherum anbraten.

3. Während das Hackfleisch brät, die Gurke waschen, schälen und auf einer Küchenreibe grob raspeln. Die Knoblauchzehe schälen, den Dill waschen und trockentupfen. Beides fein hacken. Die Hackröllchen währenddessen immer wieder vorsichtig wenden.

4. Den Joghurt in eine Schüssel geben und glatt rühren. Mit Kräutersalz und Cayennepfeffer würzen. Gurke, Knoblauch und Dill zu dem angemachten Joghurt geben, alles miteinander vermischen und noch einmal kräftig abschmecken.

5. Für den Salat Zitronensaft, Öl, 2 EL heißes Wasser, Honig, Senfpulver und Meersalz in einer kleinen Schüssel verrühren. Die Sauce pikant abschmecken. Den gründlich geputzten Feldsalat sorgfältig darin wenden.

6. Den Gurkenjoghurt auf 2 Teller geben. Den Salat daneben anrichten und die fertig gegarten Hackfleischröllchen auf den Joghurt legen.

TIPP

Sie können die Hackfleischröllchen mit einer in feine Würfel geschnittenen, roten Zwiebel verfeinern. Verkneten Sie die Zwiebelstücke mit den Gewürzen in der Hackmasse.

Verrückte Spieße

USA Verrückte Spieße

EIWEISS

Für 2 Portionen
Zubereitungszeit: ca. 40 Min.
Marinierzeit: ca. 2 Std.
ca. 460 kcal je Portion

300 g Rindersteak
8 Cocktailtomaten
8 kleine Champignons
1 kleine grüne Paprikaschote
1 kleine rote Zwiebel
2 frische Ananasscheiben
1 Knoblauchzehe
2 EL Basilikumblättchen
3 EL Sonnenblumenöl
1 TL Senf
etwas Kräutersalz

1. Das Fleisch in 2–3 cm große Würfel schneiden. Die Tomaten waschen und die Champignons putzen. Die Paprika halbieren, putzen, waschen und in größere Stücke schneiden. Die Zwiebel schälen und vierteln.

2. Die Ananasscheiben schälen, den harten Innenstrunk herausschneiden und die Ananasscheiben vierteln. Fleisch, Gemüse, Ananas und Zwiebeln abwechselnd auf 4 Spieße stecken.

3. Für die Marinade den Knoblauch schälen und durchpressen. Das Basilikum waschen, trockenschütteln und in Streifen schneiden. Knoblauch, Basilikum, Öl, Senf und Kräutersalz zu einer Marinade verrühren. Die Spieße damit bestreichen und etwa 2 Stunden zugedeckt im Kühlschrank ziehen lassen.

4. Die Spieße aus der Marinade nehmen, abtropfen lassen und auf dem Grill etwa 10 Minuten von allen Seiten grillen (eventuell Alufolie unterlegen). Dabei die Spieße öfter drehen und immer wieder mit Marinade bestreichen.

Frankreich

Lammfleischtopf auf provenzalische Art

EIWEISS

Für 2 Portionen
Zubereitungszeit: ca. 55 Min.
ca. 600 kcal je Portion

1 große Aubergine
1 große Zucchini
2 große Tomaten
300 g Lammgulaschfleisch (Keule)
2 EL kaltgepresstes Olivenöl
2 Knoblauchzehen
200 ml trockener französischer Rotwein
1 EL Kräuter der Provence
1/2 TL Kräutersalz
1/2 TL mittelscharfes Paprikapulver

1. Die Aubergine und die Zucchini waschen, putzen und in etwa 1 1/2 cm große Würfel schneiden. Die Tomaten über Kreuz einritzen, kurz überbrühen, abschrecken und enthäuten. Sie dann achteln und die Stielansätze herausschneiden.
2. Das Öl in einem Topf erhitzen und den Lammgulasch darin unter Rühren rundherum anbraten. Dann das Fleisch herausnehmen. Das Gemüse in den Topf geben und einige Minuten dünsten.
3. In der Zwischenzeit den Knoblauch schälen und zu dem Gemüse drücken.
4. Das Gemüse mit dem Rotwein ablöschen. Den Knoblauch, die Kräuter, das Kräutersalz und das Paprikapulver darunter rühren und das Fleisch wieder dazugeben. Den Eintopf zugedeckt etwa 40 Minuten bei kleiner Hitze schmoren.

TIPPS

- *Sie können den Lammrücken auch im Backofen garen. Dafür heizen Sie den Ofen auf 250 °C (Umluft 190 °C, Gas Stufe 5) vor und schalten nach 10 Minuten Bratzeit auf 200 °C (Umluft 170 °C, Gas Stufe 3) herunter.*
- *Essen Sie dazu je Person 200 g gedünstete grüne Bohnen.*

USA

Gegrillter Lammrücken

EIWEISS

Für 4 Portionen
Zubereitungszeit: ca. 45 Min.
Marinierzeit: ca. 4 Std.
ca. 510 kcal je Portion

750 g Lammrücken mit Knochen
3 Knoblauchzehen
125 g saure Sahne
2 EL geh. Petersilie
1 TL getr. Oregano
1 TL frische Rosmarinnadeln
etwas Cayennepfeffer
1/2 TL Kräutersalz

1. Das Fleisch über den Rippenknochen durch einen etwa 2 cm tiefen Einschnitt vorsichtig vom Knochen lösen.
2. Für die Marinade den Knoblauch schälen, durchpressen und mit der sauren Sahne verrühren. Die Kräuter hinzufügen und die Marinade kräftig mit Cayennepfeffer sowie Kräutersalz abschmecken.
3. Das Fleisch von allen Seiten mit der Marinade einstreichen und zugedeckt mindestens 4 Stunden im Kühlschrank durchziehen lassen.
4. Den Grill vorbereiten und den Lammrücken unter häufigem Wenden etwa 30 Minuten grillen.

Lammfleischtopf auf provenzalische Art

Frankreich

Coq au Riesling

EIWEISS

Für 2 Portionen
Zubereitungszeit: ca. 50 Min.
ca. 370 kcal je Portion

2 Hähnchenschenkel
2 große Möhren
150 g kleine Champignons
1 Stange Lauch
1 Zwiebel
2 Knoblauchzehen
2 EL kaltgepresstes Olivenöl
200 ml Riesling
100 ml vegetarische Gemüsebrühe
1 EL gehackter Rosmarin
abgeriebene Schale von ½ unbehandelten Zitrone
½ TL Kräutersalz

1. Die Hähnchenschenkel waschen, trockentupfen und am Gelenk durchschneiden. Die Möhren, die Champignons und den Lauch waschen und putzen.
2. Die Möhren schaben und in dünne Scheiben schneiden. Die Champignons halbieren. Den Lauch in dünne Ringe schneiden. Die Zwiebel schälen und achteln. Den Knoblauch ebenfalls schälen und durch die Presse zu dem gewaschenen Gemüse drücken.
3. Das Öl in einem Topf erhitzen und die Hähnchenteile darin von jeder Seite in etwa 2 Minuten braun anbraten.
4. Den Wein und die Brühe angießen und das vorbereitete Gemüse, die Champignons, Rosmarin, Zitronenschale und Kräutersalz dazugeben. Alles einmal kurz aufkochen lassen und dann zugedeckt bei kleiner Hitze ungefähr 30 Minuten schmoren lassen.

GRIECHENLAND

Frikadellen „Griechische Art“

EIWEISS

Für 2 Portionen
Zubereitungszeit: ca. 25 Min.
ca. 690 kcal je Portion

10 Basilikumblättchen
80 g Schafskäse
1 Zwiebel
1 große Möhre
300 g Rinder- oder Lammhackfleisch
1 Eigelb
1 ½ TL Kräutersalz
1 ½ TL edelsüßes Paprikapulver
2 EL kaltgepresstes Sonnenblumenöl

1. Die Basilikumblättchen waschen, trockentupfen und in Streifen schneiden. Den Schafskäse mit der Gabel grob zerdrücken und mit den Basilikumstreifen mischen.
2. Die Zwiebel schälen und fein würfeln. Die Möhre schälen und fein raspeln.
3. Das Hackfleisch in eine Schüssel geben und mit den Zwiebelwürfeln, den Möhrenraspeln, dem Eigelb, Salz und Paprikapulver verkneten.
4. Aus dem Fleischteig 4 Frikadellen formen und jeweils ¼ des Schafskäses in die Mitte drücken.
5. Das Sonnenblumenöl in einer Pfanne erhitzen und die Frikadellen darin bei mittlerer Hitze etwa 8 Minuten von jeder Seite braten.

TIPP

Essen Sie zu den Frikadellen reichlich Gemüse, z. B. 300 g gedünstete Möhren je Person.

Ardenner Schmorfleisch

Frankreich

Ardenner Schmorfleisch

EIWEISS

Für 2 Portionen
Zubereitungszeit: ca. 40 Min.
ca. 540 kcal je Portion

200 g Weißkohl
1 Stange Lauch
10 kleine Zwiebeln
150 g kleine Champignons
2 Möhren
1 Knoblauchzehe
300 g Rinder- oder Lammlende
2 EL kaltgepresstes Olivenöl
1 TL edelsüßes Paprikapulver
1 TL gerebelter Thymian
1 TL Salz
1/4 l trockener französischer Rotwein
4 EL süße Sahne

1. Den Weißkohl putzen und in kleine Stücke schneiden. Den Lauch putzen, gründlich waschen und in Ringe schneiden. Die Zwiebeln schälen sowie die Champignons putzen und kurz waschen. Die Möhren schälen und in kleine Würfel schneiden. Den Knoblauch schälen und fein würfeln.

2. Das Fleisch waschen, trockentupfen und in kleine Würfel schneiden.

3. Das Öl in einem Topf erhitzen und das Fleisch darin unter Rühren rundherum braun anbraten.

4. Nun das vorbereitete Gemüse, den Knoblauch und die Pilze zum Fleisch geben und etwa 1/2 Stunde mitschmoren lassen. Das Ganze mit Paprikapulver, Thymian und Salz abschmecken.

5. Den Eintopf mit dem Rotwein ablöschen, etwa 5 Minuten kochen lassen und dann mit der Sahne verfeinern.

Asien Hähnchenbrust mit Basilikum

EIWEISS

Für 2 Portionen
Zubereitungszeit: ca. 25 Min.
ca. 310 kcal je Portion

2 Knoblauchzehen
1 Zwiebel
1 große rote Chilischote
1/2 TL frische grüne Pfefferkörner
300 g Hähnchenbrustfilet
2 EL Thai-Basilikumblätter (ersatzweise übliches Basilikum)
2 EL Sesamöl
1 EL Sojasauce
1/2 TL Honig

1. Den Knoblauch und die Zwiebel schälen und fein hacken. Die Chilischote waschen, längs halbieren, entkernen und fein würfeln. Die Pfefferkörner im Mörser zerstoßen und mit dem Knoblauch, der Zwiebel und dem Chili zu einer Paste verrühren.
2. Das Fleisch waschen, trockentupfen und in etwa 1 cm breite Streifen schneiden. Das Thai-Basilikum waschen, trockenschütteln und fein hacken.
3. Das Öl im Wok erhitzen und die Chili-Pfeffer-Paste darin andünsten. Das Fleisch dazugeben und bei großer Hitze unter Wenden etwa 5 Minuten braten. Mit Sojasauce und Honig abschmecken. Das gehackte Basilikum darüber streuen.

THAI-BASILIKUM

Thailändisches Basilikum erinnert geschmacklich sowohl an Basilikum als auch an Anis und ist ein sehr häufig verwendetes Gewürz in der thailändischen Küche. Leider ist es hier nicht immer zu bekommen, daher lohnt es sich, frisches Thai-Basilikum einzufrieren und auf diese Weise vorrätig zu haben.

Asien Entenbrust mit Zwergorangen

EIWEISS

Für 2 Portionen
Zubereitungszeit: ca. 45 Min.
ca. 520 kcal je Portion

250 g Entenbrustfilet
etwas Meersalz
100 g Kumquats (Zwergorangen)
1 Schalotte
1 rote Chilischote
1 Stück Ingwer (ca. 2 cm)
2 EL Sesamöl
1 TL Honig
60 ml Orangensaft
1 EL Zitronensaft
150 g frische Ananasstücke
1 EL Koriandergrün

1. Die Haut der Entenbrustfilets mit einem scharfen Messer diagonal einritzen. Das Fleisch leicht salzen.
2. Die Kumquats waschen und abtrocknen. Die Schalotte schälen, würfeln. Die Chilischote waschen, längs teilen, entkernen, in Streifen schneiden. Den Ingwer schälen, in Scheiben schneiden.
3. Das Öl im Wok erhitzen. Die Entenbrust darin von beiden Seiten etwa 8 Minuten anbraten und herausnehmen.
4. Schalotte, Chilischote und Ingwer in das Bratfett geben und darin einige Minuten dünsten. Honig, Orangen- und Zitronensaft hinzufügen und alles einige Minuten einkochen lassen.
5. Die Ananas und Kumquats dazugeben und etwa 5 Minuten mitköcheln lassen. Die Entenbrust zurück in den Wok geben und bei kleiner Hitze etwa 5 Minuten ziehen lassen. Alles mit Salz abschmecken und mit den gewaschenen Korianderblättchen bestreuen.

TIPP

Zum Auftakt passt eine leichte Suppe. Probieren Sie doch einmal die Gemüsesuppe mit Ingwer (Rezept S. 54).

oben: Hähnchenbrust mit Basilikum
unten: Entenbrust mit Zwergorangen

ITALIEN

Lammtopf al forno

EIWEISS

Für 2 Portionen

Zubereitungszeit: ca. 30 Min.

Backzeit: ca. 45 Min.

ca. 560 kcal je Portion

300 g Lammfleisch
1 Zwiebel
1 Knoblauchzehe
2 Zweige Rosmarin
1 1/2 EL kaltgepresstes Olivenöl
1–2 TL Rosenpaprika
1/2 TL Cayennepfeffer
1 TL Meersalz
200 g kleine Champignons
4 kleine Schalotten
400 g Tomaten
300 ml vegetarische Gemüsebrühe (Instant)
5 EL Sahne

1. Das Lammfleisch in mundgerechte Würfel schneiden. Die Zwiebel und den Knoblauch schälen und beides grob würfeln. Die Rosmarinzweige waschen, die Blättchen abzupfen und diese zur Hälfte hacken.

2. Das Olivenöl in einem Topf erhitzen und die Fleischwürfel darin anbraten. Die Zwiebel zum Fleisch geben und mit Paprika, Pfeffer, Salz sowie dem gehackten Rosmarin würzen. Das Fleisch vom Herd nehmen.

3. Den Backofen auf 200 °C (Umluft 170 °C, Gas Stufe 3) vorheizen. Die Pilze mit Küchenkrepp abreiben und putzen. Die Schalotten schälen und halbieren. Die Tomaten über Kreuz einritzen, mit kochendem Wasser überbrühen, enthäuten und entkernen. Die Stielansätze abschneiden und das Fruchtfleisch in Würfel schneiden.

4. Dann die angebratenen Fleischstücke in eine feuerfeste Form geben, den Bratensatz mit der Gemüsebrühe loskochen und über das Fleisch gießen. Die ganzen Champignons, die Schalotten und die Tomaten hinzufügen und alles im Ofen auf der mittleren Schiene etwa 45 Minuten garen.

5. Zum Schluss die Sahne unter den Lammtopf rühren, nach Belieben mit Salz und Pfeffer nachwürzen und mit Rosmarinblättchen garniert servieren.

Asien

Chicken Madras

E EIWEISS

Für 2 Portionen
Zubereitungszeit: ca. 45 Min.
Einweichzeit: ca. 30 Min.
ca. 480 kcal je Portion

2 EL Kokosraspel
1/8 l Milch, 1 Zwiebel
1 Knoblauchzehe, 1 Möhre
200 g Hähnchenbrustfilet
1 EL Sojaöl, Meersalz
1/2 TL Currypulver
75 ml vegetarische Gemüsebrühe (Instant)
1 kleine Chilischote
50 g frische Ananaswürfel
50 g Cashewkerne
1 Pr. Paprikapulver
1 EL Zitronensaft
1 TL Frutilose

1. Die Kokosraspel in der Milch etwa 30 Minuten einweichen. In der Zwischenzeit die Zwiebel und den Knoblauch schälen und fein würfeln. Die Möhre schälen, waschen und in feine Scheiben schneiden.

2. Das Fleisch abspülen, trockentupfen und in etwa 2 cm große Würfel schneiden. Das Öl im Wok erhitzen. Das Fleisch darin von allen Seiten kräftig anbraten, herausnehmen und mit Salz und Curry bestäuben.

3. Zwiebel, Knoblauch und Möhre in das Bratfett geben und darin braten. Mit Brühe ablöschen und etwa 5 Minuten garen.

4. Inzwischen die Chilischote waschen, entkernen und in feine Ringe schneiden. Die Kokosmilch durch ein Sieb gießen und auffangen. Chili, Kokosmilch, Fleisch, Ananas und Cashewkerne unter das Gemüse rühren. Alles etwa 15 Minuten schmoren lassen. Mit Salz, Paprika, Curry, Zitronensaft und Frutilose abschmecken.

KOKOSMILCH

Kokosmilch wird in der asiatischen Küche vielseitig verwendet. Sie gibt indischen Currys (Gerichte mit Gemüse, Fleisch oder Fisch, die in einer Sauce gegart werden), Reisgerichten, Saucen und Suppen eine milde, cremig-milchige Grundlage.

USA

Kalifornischer Fischeintopf

EIWEISS

Für 2 Portionen
Zubereitungszeit: ca. 1 Std.
ca. 340 kcal je Portion

8 große Shrimps (mit Schale)
1 kleine Zwiebel
2 Knoblauchzehen
1/2 Stange Lauch
1 Möhre
1 Stange Staudensellerie
1/2 Bund Koriander
1 EL kaltgepresstes Olivenöl
100 ml Weißwein
1/2 l Wasser
1 Lorbeerblatt
250 g Rotbarschfilet (ersatzweise Seelachs oder Kabeljau)
2 große Jakobsmuscheln
150 g junge grüne Bohnen
100 g Zuckerschoten
2 Frühlingszwiebeln
400 g Tomaten
etwas Meersalz
etwas Cayennepfeffer

1. Die Shrimps schälen, längs einschneiden, die Därme entfernen und bis zur weiteren Verwendung kühl stellen. Die Schalen aufbewahren.
2. Zwiebel und Knoblauch schälen. Lauch, Möhre und Sellerie putzen und waschen. Alles klein würfeln. Die Korianderbättchen, waschen und abzupfen, die Hälfte davon beiseite legen.
3. Das Öl in einem großen Topf erhitzen. Shrimpsschalen sowie das vorbereitete Gemüse hinzufügen und alles etwa 5 Minuten gut anrösten. Wein, Wasser, Korianderblättchen und Lorbeerblatt dazugeben und alles zugedeckt etwa 30 Minuten köcheln lassen.
4. Inzwischen das Fischfilet in etwa 3 cm große Würfel schneiden. Die Muscheln gründlich unter fließend kaltem Wasser abspülen und quer durchschneiden.
5. Die Bohnen und Zuckerschoten waschen, putzen, dabei Stiele und Fäden entfernen. Die Frühlingszwiebeln putzen, waschen und in Ringe schneiden. Die Tomaten über Kreuz einritzen, überbrühen, abschrecken und enthäuten. Sie von den Stielansätzen befreien, entkernen und das Fruchtfleisch in Würfel schneiden.
6. Den Shrimps-Sud durch ein grobes Sieb gießen, um Schalen, Gemüse und Kräuter zu entfernen. Die Brühe erneut zum Kochen bringen. Bohnen, Zuckerschoten, Frühlingszwiebeln und Tomaten darin bei mittlerer Hitze bissfest garen. Zuletzt Fischwürfel und Shrimps auf das Gemüse legen und bei milder Hitze zugedeckt 4–5 Minuten ziehen lassen (nicht mehr kochen).
7. Den restlichen Koriander fein hacken. Den Eintopf mit Salz und Cayennepfeffer abschmecken und mit Koriander bestreut servieren.

FISCH

Fische sind hochwertige Eiweißträger. Zudem ist ihr Fleisch leicht verdaulich. Der Mineralstoff- und Vitaminreichtum von Fischen ist beachtlich. Seefisch enthält das für die gesunde Schilddrüsenfunktion so wichtige Jod. Im Rahmen einer kalorienbewussten Ernährung zeichnen sich Rotbarsch, Seelachs oder Kabeljau durch ihr günstiges Eiweiß-Fett-Verhältnis (viel Eiweiß – wenig Fett) aus.

ITALIEN

Grillfisch mit Blumenkohl

EIWEISS

Für 2 Portionen
Zubereitungszeit: ca. 35 Min.
ca. 600 kcal je Portion

1 Blumenkohl
etwas Meersalz
2 Heilbuttfilets (à 200 g)
4 EL Zitronensaft
etwas Kräutersalz
4 EL kaltgepresstes Olivenöl
2 EL geh. Rosmarin
1 TL getr. Oregano
80 ml Wasser
3 EL kleine Kapern
6 Zitronenachtel
1/2 kleiner Bund Petersilie

1. Für den Salat den Blumenkohl waschen, putzen und in kleine Röschen teilen. Ihn dann in reichlich leicht gesalzenem Wasser in etwa 12–15 Minuten bissfest garen. Den Blumenkohl aus dem Wasser nehmen und abkühlen lassen.

2. In der Zwischenzeit den Fisch mit kaltem Wasser abspülen und trockentupfen. Ihn dann mit 2 EL Zitronensaft beträufeln und salzen.

3. Danach 2 große Rechtecke Alufolie gleichmäßig mit 2 EL Öl bestreichen, die Kräuter darüber streuen und den Fisch auf die Folie legen. Den Fisch von beiden Seiten etwa 6–8 Minuten grillen.

4. Inzwischen für die Sauce 2 EL Öl mit Wasser, 2 EL Zitronensaft, Salz und Kapern verrühren. Die gegrillten Fischstücke auf eine Platte geben und mit den Blumenkohlröschen anrichten.

5. Die Sauce über den Fisch und den Blumenkohl gießen. Alles mit den Zitronenachteln und der gewaschenen, abgezupften Petersilie garnieren.

Asien

Fischfilets mit Limettensauce

E EIWEISS

Für 2 Portionen
Zubereitungszeit: ca. 25 Min.
ca. 170 kcal je Portion

1 Knoblauchzehe
1 1/2 Schalotten
1 Stiel Zitronengras
1 große rote Chilischote
1/2 TL Honig
1 EL Sojasauce
Saft von 1/2 Limette
2 Fischfilets à 150 g (z. B. Wolfsbarsch, Petersfisch, Kabeljau)
1 EL Korianderblättchen

1. Den Knoblauch und die Schalotten schälen und fein hacken. Von dem Zitronengrasstiel die unteren 6 cm abschneiden, waschen, trocknen und längs vierteln. Die Viertel in feine Stücke schneiden. Die Chilischote putzen, waschen und mit den Kernen fein hacken.

2. Knoblauch, Schalotten, Zitronengras und Chilischote zusammen mit 75 ml Wasser, Honig, Sojasauce und Limettensaft in den Wok geben und zum Kochen bringen.

3. Inzwischen die Fischfilets waschen, mit Küchenkrepp trockentupfen und in den Wok geben. Alles im Sud zugedeckt bei milder Hitze in 5–10 Minuten gar ziehen lassen. Die Fischfilets vorsichtig aus der Sauce heben und auf 2 Tellern anrichten. Etwas Sauce darüber gießen und das Gericht mit den gewaschenen Korianderblättchen bestreuen.

TIPP

Ergänzen Sie das Fischfilet mit einem frischen Blatt- oder Gemüsesalat.

USA

Schwertfisch mit Papaya-Salsa

EIWEISS

Für 2 Portionen
Zubereitungszeit: ca. 40 Min.
Marinierzeit: ca. 2 Std.
ca. 420 kcal je Portion

1 Papaya
3 EL Zitronensaft
2 EL Kokosraspel
1 Msp. Chilipulver
2 Knoblauchzehen
2 EL kaltgepresstes Olivenöl
1 EL geh. Petersilie, Meersalz
etwas Cayennepfeffer
2 Schwertfisch-Steaks
(ca. 3 cm dick)

1. Für die Salsa die Papaya schälen und längs halbieren. Die schwarzen Kerne mit einem Löffel herausschaben. Das Fruchtfleisch klein würfeln und in einer Schüssel mit Zitronensaft, Kokosraspel und Chilipulver mischen.
2. Für die Marinade den Knoblauch schälen und durchpressen. Mit Öl, Petersilie, Salz und Cayennepfeffer verrühren. Die Schwertfisch-Steaks mit der Marinade bestreichen und etwa 2 Stunden im Kühlschrank ziehen lassen.
3. Den Grill vorbereiten. Die Schwertfisch-Steaks aus der Marinade nehmen, abtropfen lassen und von jeder Seite etwa 5 Minuten goldbraun grillen. Zusammen mit der Salsa servieren.

SPANIEN

Seeteufel aus dem Ofen

EIWEISS

Für 2 Portionen
Zubereitungszeit: ca. 35 Min.
Backzeit: ca. 25 Min.
ca. 520 kcal je Portion

400 g Seeteufel oder anderes fest kochendes Fischfilet
1–2 EL Zitronensaft
etwas Meersalz
500 g Blattspinat
400 g Tomaten
1 Zwiebel
1–2 Knoblauchzehen
3 EL kaltgepresstes Olivenöl
etwas Kräutersalz
etwas getr. Oregano
4 EL Mandelblättchen

1. Den Fisch säubern, waschen und trockentupfen. Ihn dann in grobe Würfel schneiden, mit dem Zitronensaft beträufeln und leicht salzen.
2. Den Spinat putzen, waschen und in kochendem Salzwasser blanchieren. Die Tomaten über Kreuz einritzen, mit kochendem Wasser überbrühen, abschrecken und enthäuten. Tomaten vierteln, entkernen und die Stielansätze abschneiden. Das Fruchtfleisch würfeln.
3. Den Backofen auf 200 °C (Umluft 170 °C, Gas Stufe 3) vorheizen. Die Zwiebel und den Knoblauch schälen und fein hacken. Das Öl in einer Pfanne erhitzen, beides darin anbraten. Den Fisch dazugeben und ihn von allen Seiten anbraten.
4. Den Spinat in eine feuerfeste Auflaufform füllen und die Fischstücke mit dem Zwiebel-Knoblauch-Gemisch darüber geben. Mit dem Salz und dem Oregano würzen und alles mit den Tomaten bedecken.
5. Den Auflauf abschließend mit den Mandelblättchen bestreuen und alles im Ofen auf der mittleren Schiene etwa 20–25 Minuten überbacken.

Red Snapper à la Vera Cruz

USA

Red Snapper à la Vera Cruz

EIWEISS

Für 2 Portionen
Zubereitungszeit: ca. 35 Min.
Backzeit: ca. 25 Min.
ca. 450 kcal je Portion

600 g Red-Snapper-Filet
Saft von ½ Zitrone, 1 Zwiebel
2 Knoblauchzehen
1 Jalapeno-Chilischote
500 g Tomaten
100 g grüne Oliven
1 EL Sonnenblumenöl
½ TL gem. Kreuzkümmel
½ TL getr. Oregano
1 EL Kapern
1 Pr. Piment, Meersalz
2 Zitronenachtel

1. Den Fisch kalt abspülen, trockentupfen und in eine Auflaufform legen. Mit dem Zitronensaft beträufeln. Den Backofen auf 180 °C (Umluft 150 °C, Gas Stufe 2) vorheizen.
2. Die Zwiebel und den Knoblauch schälen und beides fein hacken. Die Chilischote waschen, entkernen und fein würfeln. Die Tomaten über Kreuz einritzen, mit kochendem Wasser überbrühen, abschrecken und enthäuten. Sie von den Stielansätzen befreien, entkernen und das Fruchtfleisch würfeln. Die Oliven in Scheiben schneiden.
3. Das Öl in einer Pfanne erhitzen. Zwiebeln und Knoblauch darin goldgelb dünsten. Chili, Kreuzkümmel und Oregano hinzufügen und kurz mitrösten. Dann zusammen mit den Tomaten, Oliven und Kapern etwa 15 Minuten köcheln lassen.
4. Die Tomatensauce mit Piment und Salz abschmecken und auf dem vorbereiteten Fisch verteilen. Im Ofen 20–25 Minuten garen. Mit Zitronenachteln servieren.

Vegetarische Hauptgerichte

Frankreich

Elsässer Bohnengratin

K KOHLENHYDRAT

Für 2 Portionen
Zubereitungszeit: ca. 45 Min.
Quellzeit: über Nacht
ca. 600 kcal je Portion

120 g Vollkornreis
700 g grüne Bohnen
1 große Zwiebel
250 g Champignons
1 1/2 EL kaltgepresstes Sonnenblumenöl
1/4 l vegetarische Gemüsebrühe (Instant)
100 g Rahmgouda oder Wörishofener (60 % Fett i. Tr.)

1. Den Reis in einen Topf geben, mit Wasser bedecken und über Nacht quellen lassen.
2. Dann den Reis im geschlossenen Topf etwa 25 Minuten bei milder Hitze garen. Anschließend abgießen.
3. In der Zwischenzeit die Bohnen waschen, putzen, wenn nötig abfädeln und in 3 cm lange Stücke schneiden. Die Zwiebel schälen und grob hacken.
4. Die Pilze putzen und in Scheiben schneiden. Das Öl in einer Pfanne erhitzen und Zwiebel sowie Pilze darin anbraten. Die Bohnen hinzufügen, die Brühe angießen und alles etwa 10 Minuten zugedeckt dünsten. Den Backofen auf 160 °C vorheizen.
5. Den gegarten Reis unter das Gemüse mischen und in eine Auflaufform füllen. Den Käse raspeln und gleichmäßig darauf verteilen. Das Bohnengratin im Ofen in 12–15 Minuten goldgelb überbacken.

Frankreich

Provenzalisches Kartoffelgemüse

K KOHLENHYDRAT

2 Portionen
Zubereitungszeit: ca. 45 Min.
ca. 300 kcal je Portion

1 große Zwiebel
250 g Champignons
300 g Zucchini
400 g Kartoffeln
2 EL kaltgepresstes Olivenöl
1 1/2 TL Kräutersalz
2–3 TL Kräuter der Provence
10 Kirschtomaten (ca. 150 g)
einige Basilikumblättchen

1. Die Zwiebel schälen und in Würfel schneiden. Die Pilze putzen, kurz waschen oder vorsichtig abreiben und ebenfalls in Würfel schneiden.
2. Die Zucchini waschen und putzen. Die Kartoffeln schälen. Beides in etwa 2 cm große Würfel schneiden.
3. Das Öl in einer großen Pfanne erhitzen und die Gemüse- sowie die Pilzwürfel darin unter Rühren anbraten. Alles mit dem Kräutersalz und den Kräutern der Provence würzen. Dann das Gemüse zugedeckt bei schwacher Hitze 18–20 Minuten schmoren lassen. Zum Schluss noch einmal umrühren.
4. Die Kirschtomaten waschen, halbieren und mit dem Basilikum auf dem Kartoffelgemüse anrichten.

Elsässer Bohnengratin

ITALIEN

Spaghetti in Mandelsauce

KOHLENHYDRAT

Für 2 Portionen
Zubereitungszeit: ca. 30 Min.
ca. 780 kcal je Portion

200 g Spaghetti
etwas Meersalz
1 Bund kleine Schalotten
10 Knoblauchzehen
2 EL kaltgepresstes Olivenöl
4 EL Mandelblättchen
1 Msp. Chilipulver
1 TL Kräutersalz
80 ml Sahne
2 EL geh. Petersilie

1. Die Nudeln in reichlich leicht gesalzenem Wasser in etwa 10 Minuten bissfest garen. Sie dann abgießen und gut abtropfen lassen.

2. In der Zwischenzeit die Schalotten putzen, schälen und klein würfeln. Die Knoblauchzehen schälen und in dünne Scheiben schneiden.

3. Das Öl in einer Pfanne nicht zu stark erhitzen und die Knoblauchscheiben darin unter Rühren goldgelb braten. Die Schalotten und die Mandeln dazugeben und alles kurz schmoren lassen.

4. Anschließend die Nudeln mit der Knoblauch-Mandel-Sauce mischen und pikant mit dem Chilipulver und dem Kräutersalz würzen.

5. Zum Schluss die Sahne angießen und alles nochmals kurz erwärmen. Mit der Petersilie bestreuen und sofort servieren.

ITALIEN

Majorannudeln mit Paprikagemüse

KOHLENHYDRAT

Für 2 Portionen
Zubereitungszeit: ca. 30 Min.
ca. 450 kcal je Portion

200 g Vollkornbandnudeln
etwas Meersalz
2 rote Paprikaschoten
1 gelbe Paprikaschote
3 Knoblauchzehen
3 EL Olivenöl
200 ml vegetarische Gemüsebrühe (Instant)
1 TL Paprikapulver (edelsüß)
1 TL getr. Oregano
1/2 TL getr. Thymian
70 ml Sahne
7–8 Zweige Majoran
1 TL Speisestärke

1. Die Nudeln in reichlich leicht gesalzenem Wasser in etwa 10 Minuten bissfest garen. Sie dann abgießen und gut abtropfen lassen.

2. Inzwischen für das Gemüse die Paprikaschoten waschen, halbieren, entkernen und würfeln. Den Knoblauch schälen. 1 Zehe beiseite legen, die restlichen Zehen in dünne Scheiben schneiden und in heißem Öl goldgelb braten.

3. Die Paprikawürfel dazugeben und mit 80 ml Brühe ablöschen. Mit Paprikapulver, Oregano und Thymian würzen. Zugedeckt bei geringer Hitze 8 Minuten köcheln lassen.

4. Für die Sauce die Sahne mit der restlichen Gemüsebrühe in einem Topf mischen. Nach Belieben die Knoblauchzehe dazudrücken. Die gewaschenen und abgezupften Majoranblättchen in die Sauce geben. Alles salzen und noch einmal kurz aufkochen lassen.

5. Die Speisestärke in 50 ml kaltem Wasser auflösen und in die Sauce rühren. Kurz aufkochen lassen, dann die Sauce über die Nudeln gießen. Zusammen mit dem Paprikagemüse servieren.

SPANIEN

Gemüsepaella

KOHLENHYDRAT

Für 2 Portionen
Zubereitungszeit: ca. 1 Std.
ca. 650 kcal je Portion

1 kleine Zucchini
1 rote Paprikaschote
125 g kleine Champignons
1 Zwiebel
1 Knoblauchzehe
6 EL kaltgepresstes Olivenöl
100 g Vollkorn-Basmatireis
1/2 TL Safran
300 ml vegetarische Gemüsebrühe (Instant)
1/2 Aubergine
2 TL Meersalz
4 EL TK-Erbsen
12 geschälte Mandeln
12 schwarze Oliven
1 TL Kräutersalz
1 Bund glattblättrige Petersilie

1. Die Zucchini putzen, waschen und in fingerdicke Stifte schneiden. Die Paprikaschote waschen, vierteln, putzen und in schmale Streifen schneiden. Die Champignons mit Küchenkrepp abreiben und putzen.
2. Die Zwiebel und den Knoblauch schälen und beides fein würfeln. 2 EL Öl in einer Pfanne erhitzen und Zwiebel sowie Knoblauch darin glasig dünsten.
3. Den Reis dazugeben und kurz mitbraten. Den Safran darüber stäuben, das restliche Gemüse und die Pilze hinzufügen. Alles unter Rühren schmoren lassen.
4. Dann die Reismischung mit der Gemüsebrühe ablöschen und bei mittlerer Hitze etwa 25 Minuten garen.
5. Inzwischen die Aubergine waschen und in 1 cm breite Scheiben schneiden, diese mit Salz bestreuen und 10 Minuten ziehen lassen. Trockentupfen und in einer weiteren Pfanne in 4 EL Öl von jeder Seite braun braten.
6. Die Erbsen, die Mandeln und die Oliven zur Paella geben und alles etwa 5 Minuten weitergaren bis die Flüssigkeit fast ganz aufgesogen ist. Mit Kräutersalz pikant würzen.
7. Zum Schluss die Auberginenscheiben dekorativ auf die Paella setzen. Mit der gewaschenen Petersilie garnieren und in der Pfanne servieren.

TIPP

Wenn Sie keinen Vollkorn-Basmatireis bekommen oder diesen Duftreis nicht so gerne essen, können Sie auch Vollkorn-Langkornreis nehmen.

OLIVEN

Die Olive zählt zu den ältesten Kulturpflanzen des Mittelmeerraumes. Frisch geerntete Oliven sind ungenießbar und müssen erst für mehrere Monate in Öl, Wasser und Salz eingelegt werden. Oliven kommen häufig entkernt und mit Paprika, Mandeln oder Kapern gefüllt auf den Markt.

Asien

Aubergineneintopf mit Kokosnuss

NEUTRAL

Für 2 Portionen
Zubereitungszeit: ca. 20 Min.
ca. 250 kcal je Portion

1 kleine blaue Aubergine
1 rote Chilischote
1 gelbe Zucchini
1 Stange Lauch
1 EL Sojaöl
100 g ungesüßte Kokosmilch (eigene Herstellung siehe S. 57)
1 TL Currypulver
40 g geschälte Mandeln
1 EL geh. Korianderblättchen
1 EL geh. Borretsch
1 EL geh. Basilikum
1 TL Sojasauce
etwas Meersalz und Cayennepfeffer

1. Das Gemüse putzen und waschen. Die Aubergine in große Würfel schneiden. Die Chilischote längs aufschneiden, entkernen und in Ringe schneiden. Die Zucchini in Stifte und den Lauch in schmale Ringe schneiden.
2. Das Öl im Wok erhitzen. Kokosmilch und Curry darin aufkochen lassen. Das vorbereitete Gemüse und die Mandeln hinzufügen und alles in etwa 5 Minuten bissfest kochen.
3. Korianderblättchen, Borretsch und Basilikum dazugeben und den Eintopf mit Sojasauce, Salz und Chili würzen.

TIPPS

- *Garnieren Sie dieses Gericht mit einigen blauen Borretschblüten.*
- *Ergänzen Sie den Eintopf mit Reis oder Nudeln zu einer kompletten Mahlzeit.*

Asien

Glasnudeln mit Pilzen

KOHLENHYDRAT

Für 2 Portionen

Zubereitungszeit: ca. 40 Min.

ca. 290 kcal je Portion

175 g Glasnudeln
15 g getr. Mu-err-Pilze
15 g getr. Morcheln
1 Schalotte
75 g Austernpilze
75 g Shiitakepilze
2 EL Walnussöl
Meersalz, gem. Chili
1 EL Sojasauce
1 EL geh. Estragon
1 EL geh. Petersilie

1. Die Glasnudeln und die getrockneten Pilze getrennt etwa 10 bzw. 30 Minuten in warmem Wasser quellen lassen. Sie abgießen und abtropfen lassen. Die harten Pilzstiele abschneiden.

2. Die Schalotte schälen und fein hacken. Die frischen Pilze putzen und halbieren.

3. Das Öl im Wok erhitzen. Die Schalotte darin glasig braten. Die eingeweichten und frischen Pilze dazugeben und alles unter Rühren einige Minuten braten. Anschließend alles mit Salz, gemahlenem Chili und Sojasauce pikant abschmecken.

4. Die Glasnudeln, den Estragon und die Petersilie unter die Pilzmischung rühren und alles nochmals kurz erwärmen.

TIPP

Weichen Sie Glasnudeln und Mu-err-Pilze jeweils in ausreichend großen Schüsseln ein. Beide nehmen etwa das 3- bis 4fache ihres Gewichts zu.

ITALIEN

Schnelle Pizza

KOHLENHYDRAT

Für 2 Portionen
Zubereitungszeit: ca. 35 Min.
ca. 950 kcal je Portion

150 g fein gemahlenes Weizenvollkornmehl
5 EL kaltgepresstes Olivenöl
1 Eigelb
80 g Quark, 20 % Fett i. Tr.
1/2 P. Backpulver
3/4 TL Meersalz
1 Gemüsezwiebel
1 TL getr. Oregano
1/4 TL Chilipulver
180 g Edelpilzkäse, 60 % Fett i. Tr. (z. B. Gorgonzola)

1. Für den Teig das Weizenvollkornmehl, 4 EL Öl, das Eigelb, Quark, Backpulver und 1/2 TL Salz in eine große Schüssel geben und alle Zutaten gut miteinander verkneten. Der Teig sollte weich sein, aber nicht kleben.
2. Eine Pizzaform oder runde Backform (28 cm ø) mit etwas Butter ausfetten und den Teig gleichmäßig darauf verteilen. Ihn anschließend mit einer Gabel mehrmals einstechen, damit er sich beim Backen nicht wölbt.
3. Den Backofen auf 250 °C (Umluft 190 °C, Gas Stufe 5) vorheizen. Die Zwiebel schälen und in feine Streifen schneiden. Sie dann in 1 EL Olivenöl andünsten, mit 1/4 TL Salz, Oregano und Chili würzen.
4. Die Zwiebelmischung auf dem Teig verteilen. Den Käse zerbröckeln und über die Pizza streuen. Die Pizzaform in den Ofen schieben und auf der mittleren Schiene etwa 12 Minuten backen.

ITALIEN

Zucchinigemüse

NEUTRAL

Für 2 Portionen
Zubereitungszeit: ca. 15 Min.
ca. 150 kcal je Portion

500 g Zucchini
8 Knoblauchzehen
2 EL kaltgepresstes Olivenöl
etwas Meersalz
2–3 EL geh. Oreganoblättchen

1. Die Zucchini waschen und die Enden abschneiden. Sie dann der Länge nach vierteln und in etwa 1 cm große Stücke schneiden. Den Knoblauch schälen und grob hacken.
2. In einer großen Pfanne 2 EL Öl erhitzen und den Knoblauch darin anbraten. Das Gemüse hinzufügen, unter Rühren gut durchschmoren lassen und mit Salz würzen. Vor dem Servieren mit den gehackten Oreganoblättchen bestreuen.

TIPP

Servieren Sie das Zucchinigemüse zu der Pizza mit Zwiebeln und Edelpilzkäse. Selbstverständlich eignen sich auch alle anderen neutralen Salat- oder Gemüsebeilagen zur kohlenhydratreichen Pizza.

oben: Schnelle Pizza
unten: Zucchinigemüse

ITALIEN

Risotto mit Pilzen

KOHLENHYDRAT

Für 2 Portionen
Zubereitungszeit: ca. 45 Min.
ca. 410 kcal je Portion

5 g getr. Steinpilze
150 g frische Steinpilze
1 kleine Zwiebel
1 EL Butter
150 g Vollkorn-Rundreis
450 ml vegetarische Gemüsebrühe (Instant)
50 g Schafskäse
1 EL geh. Petersilie

1. Die getrockneten Steinpilze etwa 30 Minuten in 50 ml lauwarmem Wasser einweichen. Herausnehmen, das Wasser verwahren und die Pilze würfeln. Die frischen Pilze mit Küchenkrepp abreiben und in Scheiben schneiden.

2. Die Zwiebel schälen und fein hacken. Die Butter in einem Topf zerlassen und die Zwiebel darin glasig dünsten. Die Pilze hinzufügen und kurz mitdünsten. Den Reis hineingeben und alles gut verrühren.

3. Die Brühe portionsweise dazugießen. Jeweils verkochen lassen und dann erst Brühe nachgießen. Diesen Vorgang so lange wiederholen, bis der Reis bissfest gegart ist. Zum Schluss Schafskäse und Petersilie unter den Reis mischen.

TIPP

Essen Sie zu dem Risotto einen frischen Blattsalat aus der neutralen Gruppe.

SPANIEN

Gemüsetortilla

EIWEISS

Für 2 Portionen
Zubereitungszeit: ca. 30 Min.
ca. 290 kcal je Portion

1 kleine Zucchini
1 kleine Zwiebel
1 Knoblauchzehe
1 ½ EL kaltgepresstes Olivenöl
½ TL Kräutersalz
1 Msp. Cayennepfeffer
4 Eier
½ TL Meersalz
6 Tomaten
1 Bund Petersilie

1. Die Zucchini waschen, putzen und in feine Scheiben schneiden. Die Zwiebel und den Knoblauch schälen und beides in sehr kleine Würfel schneiden.

2. Das Öl in einer Pfanne erhitzen und die Zwiebel- und Knoblauchwürfel darin dünsten, bis sie glasig, aber noch nicht ganz braun sind. Die Zucchinischeiben dazugeben und unter Wenden garen, bis die Flüssigkeit verdampft ist. Mit dem Kräutersalz und dem Pfeffer würzen.

3. Die Eier in einer Schüssel schaumig schlagen, mit dem Meersalz würzen und über das Gemüse geben. Bei kleiner Flamme stocken lassen. Mithilfe eines flachen Deckels die Tortilla wenden und von der anderen Seite garen.

4. In der Zwischenzeit die Tomaten waschen, den Stielansatz herausschneiden, die Früchte in Scheiben schneiden. Die Tortilla mit den Tomaten und der gewaschenen, abgezupften Petersilie servieren.

Mallorquinische Gemüsepfanne

Spanien

Mallorquinische Gemüsepfanne

E EIWEISS

Für 2 Portionen
Zubereitungszeit: ca. 40 Min.
ca. 470 kcal je Portion

1 kleine Aubergine
etwas Meersalz
2 rote Paprikaschoten
1 gelbe Paprikaschote
1 dicke Zwiebel
1–2 Knoblauchzehen
1 Zucchini
3 EL kaltgepresstes Olivenöl
etwas Kräutersalz
½ TL getr. Oregano
½ TL getr. Rosmarin
4 Eier
3 Zweige glattblättrige Petersilie

1. Die Aubergine putzen, waschen und in dicke Scheiben schneiden. Diese mit Salz bestreuen und etwa 10 Minuten ziehen lassen, dann mit Küchenkrepp abtupfen.

2. Die Paprikaschoten waschen, vierteln, putzen, entkernen und in schmale Streifen schneiden. Die Zwiebel und den Knoblauch schälen. Die Zucchini waschen und putzen. Alles in dünne Scheiben schneiden.

3. Das Olivenöl in einer großen Pfanne erhitzen. Die Zwiebelringe und den Knoblauch darin scharf anbraten. Das Gemüse hinzufügen und bissfest dünsten bis der Gemüsesaft weitgehend verdunstet ist. Mit Salz, Oregano und Rosmarin pikant würzen.

4. Nun die Eier über das Gemüse schlagen und das Eiweiß vorsichtig mit einer Gabel verteilen. Salzen und so lange braten bis die Eier stocken.

5. Die Petersilienzweige waschen, trockenschütteln und die Blättchen abzupfen. Einen Teil der Petersilienblättchen fein hacken und über die Gemüsepfanne streuen.
Das Gericht mit der restlichen Petersilie garnieren und in der Pfanne servieren.

Asien

Kartoffelragout mit Pilzen

K KOHLENHYDRAT

Für 2 Portionen
Zubereitungszeit: ca. 35 Min.
ca. 280 kcal je Portion

200 g fest kochende Kartoffeln
1 Knoblauchzehe
1 Schalotte, 1/2 Möhre
100 g Shiitakepilze
1 Frühlingszwiebel
1 Stange Staudensellerie
1/8 l vegetarische Gemüsebrühe (Instant)
1/2 TL Speisestärke
etwas Kräutersalz
1 Pr. gem. Chili
1 Pr. geriebene Muskatnuss
1 EL Sojasauce
2 EL Sojaöl
1 EL geh. Petersilie

1. Die Kartoffeln, den Knoblauch, die Schalotte und die Möhre schälen, waschen und würfeln. Die Shiitakepilze abreiben, putzen und halbieren. Die Frühlingszwiebel und den Sellerie putzen, waschen und würfeln.

2. Die Brühe mit Speisestärke, Kräutersalz, Chili, Muskat und Sojasauce verrühren.

3. Das Öl im Wok erhitzen. Schalotte und Knoblauch darin goldgelb braten. Kartoffeln, Sellerie und Möhre dazugeben und etwa 5 Minuten unter Rühren mitbraten. Zuletzt die Pilze und die Frühlingszwiebel hinzufügen.

4. Die Brühe angießen und alles etwa 10 Minuten leicht köcheln lassen. Das Gericht mit Kräutersalz und Chili abschmecken und mit gehackter Petersilie servieren.

Asien

Pfannengerührtes Gemüse

N NEUTRAL

Für 2 Portionen
Zubereitungszeit: ca. 20 Min.
ca. 270 kcal je Portion

150 g Thailändischer Brokkoli (ersatzweise einheimischer)
100 g Chinakohl
100 g Möhren, 1/2 Salatgurke
2 Frühlingszwiebeln
2 Knoblauchzehen
100 g junge Maiskölbchen
100 g Zuckerschoten
2 EL Sesamöl
2 EL Sojasauce, 2 EL Reiswein
1 TL Honig
etwas Meersalz
etwas Cayennepfeffer

1. Die Gemüse putzen und waschen. Die Stiele und Blätter des thailändischen Brokkolis in breite Streifen schneiden. Den heimischen Brokkoli in Röschen teilen und die Stiele in Scheiben schneiden.

2. Den Kohl in Streifen, die Möhren in Stifte und die Gurke in Würfel schneiden. Das Grün der Frühlingszwiebeln in etwa 5 cm lange Stücke schneiden und die Knollen halbieren. Den Knoblauch schälen und fein hacken. Die Maiskölbchen längs halbieren. Anschließend die Zuckerschoten eventuell entfädeln und halbieren.

3. Das Öl im Wok erhitzen. Den Knoblauch darin anbraten. Das restliche Gemüse hinzufügen und alles unter Rühren etwa 10 Minuten bei mittlerer Hitze braten. Das Gemüse mit Sojasauce, Reiswein, Honig, Salz und Cayennepfeffer abschmecken.

THAI-BROKKOLI

Dieser Kohl gehört in Thailand zu den Alltagsgemüsen. Er besteht aus fleischigen Stängeln mit Blüten und Knospen. Thai-Brokkoli kann sehr gut durch Mangold oder heimischen Brokkoli ersetzt werden.

oben: Kartoffelragout mit Pilzen
unten: Pfannengerührtes Gemüse

GRIECHENLAND

Kartoffelgratin mit Ziegenkäse und Pinienkernen

NEUTRAL

Für 2 Portionen
Zubereitungszeit: ca. 1 Std.
ca. 690 kcal je Portion

1 Knoblauchzehe
1 kleine Zwiebel
400 g gegarte Pellkartoffeln
1 Zucchini (ca. 200 g)
150 g Ziegenkäse (60% Fett i. Tr.)
100 g Sahne
200 ml vegetarische Gemüsebrühe (Instant)
etwas Kräutersalz
etwas Cayennepfeffer
2 Msp. geriebene Muskatnuss
1 TL Thymianblätter
2 EL Pinienkerne

1. Den Knoblauch und die Zwiebel schälen. Eine Auflaufform mit der Knoblauchzehe ausreiben. Die Zwiebel fein würfeln.
2. Die Kartoffeln schälen. Die Zucchini waschen und putzen. Beides in 3 mm dünne Scheiben schneiden. Den Käse würfeln.
3. Den Backofen auf 200 °C vorheizen. Kartoffel-, Gemüse- und Käsestücke abwechselnd in die Auflaufform setzen.
4. Die Sahne und die Brühe in einer kleinen Schüssel mit Kräutersalz, Cayennepfeffer, Muskat und Thymian verquirlen. Die Sauce sehr kräftig abschmecken und anschließend auf die eingeschichteten Zutaten gießen.
5. Zuletzt die Pinienkerne über das Gratin streuen und das Ganze im vorgeheizten Ofen etwa 45 Minuten garen.

TIPP

Dazu passt Feldsalat mit Tomatenwürfelchen und einer Vinaigrette aus Molkosan und Olivenöl.

ITALIEN

Zucchinigratin

EIWEISS

Für 2 Portionen
Zubereitungszeit: ca. 25 Min.
Backzeit: ca. 30 Min.
ca. 420 kcal je Portion

500 g Tomaten
Meersalz, 1/4 TL Chilipulver
1 TL getr. Oregano
2 EL geh. Basilikum
1–2 Knoblauchzehen
5 EL Sahne
400 g Zucchini
2 hart gekochte Eier
80 g geriebener Parmesan
frische Basilikumblättchen

1. Die Tomaten heiß überbrühen, enthäuten, entkernen und dann pürieren.
2. Das Püree mit Salz, Chili, Oregano und Basilikum würzen. Den Knoblauch schälen, dazupressen und Sahne untermischen. Den Backofen auf 200 °C (Umluft 170 °C, Gas Stufe 3) vorheizen.
3. Die Zucchini putzen, waschen und in 1 cm dicke Scheiben schneiden. Die Hälfte der Tomatensauce in eine Auflaufform füllen und mit der Hälfte der Zucchinischeiben belegen.
4. Die Eier pellen, in Scheiben schneiden und auf den Zucchinischeiben verteilen. Mit etwas Parmesan bestreuen. Darauf wieder Zucchini, Tomatensauce und Parmesan schichten.
5. Das Gratin mit Alufolie abdecken und im Ofen auf der mittleren Schiene etwa 25 Minuten backen. Dann die Folie entfernen und weitere 8 Minuten backen. Das Gratin mit den Basilikumblättchen garnieren.

Ofenkartoffeln mit Käsesauce

SPANIEN

Ofenkartoffeln mit Käsesauce

KOHLENHYDRAT

Für 2 Portionen
Zubereitungszeit: ca. 45 Min.
Backzeit: ca. 1 Std.
ca. 780 kcal je Portion

450 g Kartoffeln (fest kochend)
6 EL kaltgepresstes Olivenöl
½ TL Meersalz
200 g Doppelrahm-Frischkäse
6 EL Wasser
1–2 Knoblauchzehen
3 EL geh. Kräuter (z. B. Petersilie, Kerbel, Schnittlauch)
etwas Kräutersalz
600 g Tomaten, 1 Zwiebel
3 Zweige Petersilie

1. Den Backofen auf 200 °C (Umluft 170 °C, Gas Stufe 3) vorheizen. Die Kartoffeln waschen, sorgfältig schälen und in etwa 2 cm dicke Spalten schneiden.

2. Auf ein Backblech 5 EL Öl gießen und die Kartoffelspalten darauf legen. Mit Salz würzen und im Ofen etwa 1 Stunde backen. Gegen Ende der Backzeit die Kartoffeln mit einer Bratschaufel wenden.

3. Für die Sauce den Doppelrahm-Frischkäse mit dem Wasser glatt rühren. Die Knoblauchzehen schälen und durch die Presse dazudrücken. Die gehackten Kräuter unterrühren und alles mit Kräutersalz abschmecken.

4. Für den Salat die Tomaten waschen und die Stielansätze herausschneiden. Die Tomaten in dünne Scheiben schneiden.

5. Die Zwiebel schälen, fein würfeln und mit den Tomaten mischen. Den Salat mit Kräutersalz würzen, mit Olivenöl beträufeln und mit der gewaschenen, abgezupften Petersilie garnieren.

Beilagen und Saucen

ITALIEN

Marinierte Ofenpaprika

NEUTRAL

Für 2 Portionen
Zubereitungszeit: ca. 20 Min.
Marinierzeit: ca. 30 Min.
ca. 480 kcal je Portion

1 gelbe Paprikaschote
2 rote Paprikaschoten
1–2 Knoblauchzehen
1 kleiner Zweig Rosmarin
1 EL Oreganoblättchen
½ Bund glattblättrige Petersilie
8 EL kaltgepresstes Olivenöl
4 EL Wasser
etwas Meersalz
¼ TL getr. Chili

1. Den Backofen auf 150 °C (Umluft 125 °C, Gas Stufe 1) vorheizen. Die Paprikaschoten waschen, trockentupfen und im Ofen etwa 12–15 Minuten rösten. Sie anschließend herausnehmen, abkühlen lassen und enthäuten. Die Schoten dann halbieren, putzen, entkernen und in ½ cm breite Streifen schneiden. Auf einer Platte anrichten.
2. Die Knoblauchzehen schälen und durch eine Presse drücken. Den Rosmarin, den Oregano sowie die Petersilie waschen, trockenschütteln und alles sehr fein hacken.
3. Für die Marinade das Öl mit Wasser, Salz, Chili und den gehackten Kräutern verrühren und über die Paprikastreifen gießen. Vor dem Servieren etwa 30 Minuten ziehen lassen.

TIPP

Servieren Sie die marinierte Ofenpaprika mit Vollkornbaguette. Dann haben Sie eine kleine Kohlenhydratmahlzeit.

ITALIEN

Gedünstete Endivien

NEUTRAL

Für 2 Portionen
Zubereitungszeit: ca. 20 Min.
ca. 360 kcal je Portion

1 Kopf Endiviensalat
1 Zwiebel
2–3 Knoblauchzehen
3 EL kaltgepresstes Olivenöl
etwas Meersalz
1 TL getr. Oregano
12 schwarze Oliven

1. Den Salat sorgfältig putzen und waschen. Große Blätter etwas zerkleinern. Die Zwiebel und die Knoblauchzehen schälen und fein hacken.
2. In einer Pfanne Öl erhitzen. Zwiebel und Knoblauch darin etwa 2 Minuten dünsten. Den Endiviensalat hinzufügen und unter häufigem Schwenken andünsten.
3. Alles leicht salzen, mit dem Oregano würzen und die Oliven dazugeben. Das Gemüse bei mäßiger Hitze im geschlossenen Topf etwa 5 Minuten garen und sofort heiß servieren.

ENDIVIEN

Man unterscheidet glatte und krause Endivien. Die Letzteren werden auch als Frisée bezeichnet. Die glatte Endivie besitzt gewellte und leicht bitter schmeckende Blätter. Sie kann als Salat, aber auch gegart gegessen werden.

oben: Marinierte Ofenpaprika
unten: Gedünstete Endivien

Asien

Frühlingsgemüse

NEUTRAL

Für 2 Portionen
Zubereitungszeit: ca. 25 Min.
ca. 190 kcal je Portion

2 Frühlingszwiebeln
1/2 rote Paprikaschote
50 g Sojabohnenkeimlinge
100 g Zuckerschoten
1 Knoblauchzehe
2 EL Maiskeimöl
2 EL Sojasauce
4 EL Gemüsebrühe
etwas Meersalz
etwas gem. Szetschuan-Pfeffer
1 EL Schnittlauchröllchen

1. Das Gemüse putzen und waschen. Die Frühlingszwiebeln fein würfeln, die Paprikaschote entkernen und in feine Streifen schneiden. Die Zuckerschoten eventuell entfädeln. Den Knoblauch schälen und durch die Presse drücken.

2. Das Öl in einem Wok erhitzen. Den Knoblauch darin goldgelb braten. Dann das Gemüse und die Sojasauce hinzufügen und alles kräftig anbraten.

3. Zum Schluss die Gemüsebrühe dazugeben und das Frühlingsgemüse mit Salz und Szetschuan-Pfeffer pikant abschmecken. Zum Schluss die Schnittlauchröllchen über das Frühlingsgemüse streuen und das Gericht sofort servieren.

SZETSCHUAN-PFEFFER

Szetschuan-Pfeffer, auch Anispfeffer oder Japanischer Pfeffer genannt, wird aus den getrockneten Früchten eines kleinen, in Japan, Korea und China wachsenden Baumes gewonnen. Es gibt ihn in asiatischen Geschäften ganz oder gemahlen zu kaufen, und er schmeckt stark pfeffrig mit leichtem Zitronenaroma.

Asien

Pak-Choi mit Cashewkernen

NEUTRAL

Für 2 Portionen

Zubereitungszeit: ca. 20 Min.

ca. 150 kcal je Portion

½ Kopf Pak-Choi (chinesischer Kohl, ersatzweise Chinakohl)
1 Zwiebel
1 Knoblauchzehe
1 kleine rote Chilischote
2 EL Sojaöl
1 EL Cashewkerne
etwas Kräutersalz
1 Pr. Cayennepfeffer

1. Den Pak-Choi waschen, putzen und klein schneiden. Die Zwiebel schälen und würfeln. Den Knoblauch schälen und in Scheiben schneiden. Die Chilischote waschen, entkernen und in Ringe oder Streifen schneiden.

2. Das Öl im Wok erhitzen. Die Cashewkerne darin goldbraun rösten. Pak-Choi, Zwiebel, Knoblauch und Chili hinzufügen und alles unter Rühren 6–8 Minuten braten. Mit Kräutersalz und Cayennepfeffer abschmecken.

TIPP

Auch wenn Reis ein äußerst wichtiges Lebensmittel in der asiatischen Küche ist, brauchen Nudelfans nicht zu verzichten. In Asienläden erhalten Sie eine Vielfalt von Nudelsorten, die sehr gut zu neutralen Gemüsegerichten passen.

SPANIEN

Marinierter Spargel

EIWEISS

Für 2 Portionen
Zubereitungszeit: ca. 20 Min.
ca. 350 kcal je Portion

500 g weißer Spargel
etwas Meersalz
3 EL Zitronensaft
6 EL kaltgepresstes Olivenöl
einige Zitronenscheiben
etwas Dill

1. Den Spargel sorgfältig schälen und in kochendem Salzwasser etwa 15 Minuten garen.
2. Inzwischen für die Marinade das Salz und den Zitronensaft verrühren. Das Öl langsam und kräftig unterrühren, bis eine cremige Emulsion entsteht.
3. Den Spargel aus dem Wasser nehmen und gut abtropfen lassen. Dann die Zitronenmarinade über den lauwarmen Spargel gießen. Mit Zitronenscheiben und etwas Dill garnieren.

TIPPS

- *Sie können den Spargel entweder sofort servieren oder ihn mit der Marinade abkühlen lassen.*
- *Sowohl warm als auch kalt schmeckt der Spargel besonders gut zu Steaks.*

SPANIEN

Mittelmeergemüse

EIWEIß

Für 2 Portionen
Zubereitungszeit: ca. 45 Min.
ca. 290 kcal je Portion

300 g reife Tomaten
1 kleine Aubergine
je 1 rote und gelbe Paprikaschote
1 kleine Zucchini
1 Zwiebel
3 EL kaltgepresstes Olivenöl
2–3 Knoblauchzehen
etwas Meersalz
einige Blättchen Basilikum
10 schwarze Oliven

1. Die Tomaten über Kreuz einritzen, mit kochendem Wasser überbrühen, abschrecken und enthäuten. Tomaten vierteln, entkernen und die Stielansätze abschneiden. Das Fruchtfleisch in Würfel schneiden.
2. Das übrige Gemüse waschen, putzen und in etwa 1 cm große Würfel schneiden. Das Öl in einer Pfanne erhitzen und alles Gemüse darin unter häufigem Wenden etwa 20 Minuten langsam braten.
3. Den Knoblauch schälen, durch eine Presse zu dem Gemüse drücken und unterrühren. Alles salzen und mit den Basilikumblättchen und den Oliven garnieren.

TIPP

Das Gemüse kann kalt als Vorspeise gereicht werden und schmeckt warm als Beilage zu Fleisch, Geflügel, Fisch, Omelett und Rührei.

oben: Marinierter Spargel
unten: Mittelmeergemüse

Rote Sauce mit schwarzen Oliven

ITALIEN

NEUTRAL

Für 2 Portionen
Zubereitungszeit: ca. 30 Min.
ca. 400 kcal je Portion

400 g Flaschentomaten
1 Knoblauchzehe
½ Bund Basilikum
15 schwarze Oliven (entsteint)
2 EL kaltgepresstes Olivenöl
etwas Meersalz
¼ TL Chilipulver
2 EL Mascarpone (italienischer Frischkäse)

1. Die Tomaten über Kreuz einritzen, mit kochendem Wasser überbrühen, abschrecken und enthäuten. Die Tomaten vierteln, entkernen und die Stielansätze abschneiden. Das Fruchtfleisch würfeln.
2. Die Knoblauchzehe schälen und durch eine Presse drücken. Das Basilikum waschen, die Blättchen abzupfen und sehr fein hacken. Die entsteinten Oliven in Scheiben schneiden.
3. Alle Zutaten mit dem Olivenöl mischen. Die Sauce mit Salz sowie Chili würzen und mit Mascarpone verfeinern. Nach Belieben kann die Sauce mit dem Pürierstab fein gemixt werden. Dann aber die Oliven erst nach dem Pürieren zu der Sauce geben.

TIPP
Diese Sauce schmeckt ausgezeichnet zu Fleisch- oder Fischgerichten, aber auch zu Nudeln oder Reis.

Massam-Currypaste

Asien

NEUTRAL

Für 2 Portionen
Zubereitungszeit: ca. 20 Min.
ca. 60 kcal je Stück

2 getr. Chilischoten
½ EL Kreuzkümmelsamen
2 Sternanis
1 Zwiebel
6 Knoblauchzehen
3 EL neutrales Öl
1 Stück Galgantwurzel (ca. 2 cm)
1 Stiel Zitronengras
1 Stück Schale der Kaffir-Zitrone

1. Die Chilischoten aufschneiden, entkernen und in warmem Wasser etwa 10 Minuten einweichen. Inzwischen den Kreuzkümmel und den Sternanis in einem Wok ohne Fettzugabe rösten, abkühlen lassen und im Mörser zerstoßen.
2. Die Zwiebel und den Knoblauch schälen und sehr fein hacken. Die Chilischoten abtropfen lassen und ebenfalls fein hacken.
3. Das Öl im Wok erhitzen. Zwiebel, Knoblauch und Chili darin goldbraun braten und abkühlen lassen.
4. In der Zwischenzeit die Galgantwurzel schälen und fein hacken. Vom Zitronengras die unteren 10 cm abschneiden, waschen und fein hacken. Die Zitronenschale in feine Streifen schneiden.
5. Alle Zutaten in eine Schüssel geben und mit einem Mörser zu einer Paste verarbeiten.

Apfel-Birnen-Salsa

USA Apfel-Birnen-Salsa

EIWEISS

Für 2 Portionen
Zubereitungszeit: ca. 30 Min.
ca. 130 kcal je Portion

1/2 kleine Zwiebel
1 kleine Knoblauchzehe
1/2 Jalapeno-Chilischote
1/2 säuerlicher Apfel
1/2 Birne
1 kleine Tomate
1 EL Sonnenblumenöl
1 EL ungeschwefelte Rosinen
1 Msp. Kreuzkümmel
1 EL Zitronensaft
etwas Meersalz
etwas Cayennepfeffer
1 EL geh. Korianderblättchen

1. Die Zwiebel und den Knoblauch schälen und beides fein würfeln. Die Chilischote waschen, entkernen und fein hacken.

2. Den Apfel und die Birne schälen, vierteln, entkernen und in kleine Würfel schneiden. Die Tomate über Kreuz einritzen, mit kochendem Wasser überbrühen, abschrecken und enthäuten. Sie vierteln, vom Stielansatz befreien, entkernen und das Fruchtfleisch klein würfeln.

3. Das Öl in einer Pfanne erhitzen. Zwiebel, Knoblauch und Chili darin andünsten. Apfel und Birne hinzufügen und etwa 2 Minuten mitdünsten. Rosinen, Tomate und Kreuzkümmel dazugeben und alles weitere 5 Minuten garen.

4. Die Salsa mit Zitronensaft, Salz und Pfeffer abschmecken und gehackten Koriander darüber streuen. Noch warm servieren.

USA Rancho-Barbecue-Sauce

EIWEISS

Für 2 Portionen
Zubereitungszeit: ca. 1 1/2 Std.
ca. 95 kcal je Portion

1/2 Zwiebel
2 Knoblauchzehen
1 Jalapeno-Chilischote
1 Stange Staudensellerie
1 kleine Möhre
1 grüne Paprikaschote
1 EL kaltgepresstes Olivenöl
300 g Tomaten
1 TL Balsamico-Essig
50 ml Frutilose
etwas Meersalz
etwas Cayennepfeffer

1. Die Zwiebel und den Knoblauch schälen und beides sehr fein würfeln. Den Chili waschen, entkernen und fein hacken. Den Staudensellerie putzen, die Möhre schälen, die Paprika halbieren und entkernen. Alles waschen, klein würfeln und zusammen mit den übrigen Zutaten in heißem Öl etwa 10 Minuten dünsten.
2. Inzwischen die Tomaten über Kreuz einritzen, mit kochendem Wasser überbrühen, abschrecken und enthäuten. Sie vierteln, von den Stielansätzen befreien, entkernen und das Fruchtfleisch mit dem Pürierstab sorgfältig mixen.
3. Die Gemüsemischung mit Tomatenpüree und Essig ablöschen, Frutilose hinzufügen und alles einmal aufkochen lassen. Bei sehr kleiner Hitze etwa 1 Stunde ziehen lassen. Mit Salz und Cayennepfeffer abschmecken. Kalt servieren.

TIPPS

- *Die Sauce wird als aromatische Beilage zu gegrilltem Rindfleisch, Fisch oder Huhn gereicht.*
- *Bereiten Sie eine größere Menge zu und füllen Sie die Sauce in ein verschließbares Glas. Gekühlt hält sie sich etwa 1 Woche.*

USA Kräuterdip mit Walnüssen

EIWEISS

Für 2 Portionen
Zubereitungszeit: ca. 15 Min.
ca. 170 kcal je Portion

1/2 Bund Petersilie
1/2 Bund Basilikum
1/2 Knoblauchzehe
2 EL saure Sahne
2 EL Joghurt
50 g Frischkäse
etwas Kräutersalz
1 EL Walnusskerne

1. Die Kräuter waschen, trockenschütteln und grob hacken. Den Knoblauch schälen und grob zerkleinern.
2. Kräuter, Knoblauch, saure Sahne, Joghurt und den Frischkäse mit dem Pürierstab fein mixen. Den Dip mit Kräutersalz abschmecken.
3. Die Walnusskerne fein hacken und unter den Dip rühren. Den Dip am besten gekühlt servieren.

TIPP

Der Dip passt besonders gut zu frischen und in Scheiben geschnittenen Champignons. Auch zu anderen Gemüsesorten schmeckt er köstlich. Dazu das geputzte und gewaschene Gemüse zum Dippen in mundgerechte Stücke, Streifen oder Stifte schneiden.

oben: Rancho-Barbecue-Sauce
unten: Kräuterdip mit Walnüssen

ITALIEN

Käsesauce mit Basilikum

NEUTRAL

Für 2 Portionen
Zubereitungszeit: ca. 20 Min.
ca. 440 kcal je Portion

2 EL Pinienkerne
1 kleines Bund Basilikum
1–2 Knoblauchzehen
4 EL kaltgepresstes Olivenöl
etwas Meersalz
60 g Edelpilzkäse, 60 % Fett i. Tr. (z. B. Gorgonzola)
3 EL heißes Wasser
1–2 Zweige glattblättrige Petersilie

1. Die Pinienkerne ohne Fett in einer Pfanne goldbraun rösten. Herausnehmen und beiseite stellen. Das Basilikum waschen, trockenschütteln und die Blättchen abzupfen. Den Knoblauch schälen und grob hacken.

2. Pinienkerne, Basilikum und Knoblauch in einen Mörser geben und zerstoßen. Langsam Olivenöl, Salz und Käse darunter mischen und so lange im Mörser zerstoßen bis eine cremige Paste entsteht.

3. Nach Belieben 3 EL heißes Wasser dazugeben und mit der Käsesauce gut verrühren. Mit der gewaschenen, abgezupften Petersilie garnieren.

TIPPS

- *Diese Sauce schmeckt sehr gut zu Nudeln oder Kartoffeln. Sie kann aber auch als Salatdressing verwendet werden.*
- *Wenn Sie keinen Mörser haben, können Sie die Sauce auch gut mit dem Pürierstab cremig rühren.*

SPANIEN

Kalte Mandelsauce

NEUTRAL

Für 2 Portionen
Zubereitungszeit: ca. 10 Min.
ca. 240 kcal je Portion

4 EL Mandelblättchen
200 g saure Sahne
3 EL Wasser
etwas Meersalz
1–2 Knoblauchzehen
4 Zweige glattblättrige Petersilie

1. Die Mandelblättchen ohne Fett in einer Pfanne goldgelb rösten und beiseite stellen.
2. Die saure Sahne mit dem Wasser cremig rühren und leicht salzen.
3. Den Knoblauch schälen und durch eine Presse drücken. Die Petersilie waschen, trockenschütteln und fein hacken. Beides mit der Sahnemischung verrühren. Zum Schluss die Sauce mit den gerösteten Mandelblättchen bestreuen.

TIPPS

- *Diese Sauce passt sehr gut zu gebratenem Fleisch, zu Fisch oder zu gerösteten Kartoffeln.*
- *Die Mandelsauce kann leicht abgewandelt werden. Eine ganz schnelle Variante ist die Pinienkernsauce, bei der die gerösteten Mandeln durch geröstete Pinienkerne ausgetauscht werden.*

Desserts, Kuchen und Gebäck

Asien Exotischer Fruchtsalat

EIWEISS

Für 2 Portionen
Zubereitungszeit: ca. 35 Min.
ca. 200 kcal je Portion

1 rosa Grapefruit
1 Mango
1/2 kleine Honigmelone
1 Mangostane
1 Tamarillo
1 Kiwi
1 EL weißer Rum
1 TL Frutilose
einige Blätter Minze

1. Die Grapefruit oben und unten flach abschneiden und auf eine Schnittfläche stellen. Mit einem Messer die Schale von oben herunter schneiden, sodass die weiße Haut mit entfernt wird. Die Filets zwischen den Trennwänden herausschneiden, den Fruchtsaft auffangen.
2. Die Mango schälen und in Spalten vom Stein schneiden. Die Melone aufschneiden, entkernen und aus dem Fruchtfleisch kleine Kugeln ausstechen. Die Mangostane schälen und das Fruchtfleisch in die einzelnen Segmente zerteilen. Die Tamarillo und die Kiwi schälen und in Scheiben schneiden.
3. Den aufgefangenen Grapefruitsaft mit Rum und Frutilose verrühren. Die Minzeblättchen waschen, trockenschütteln und in feine Streifen schneiden. Die Minze zur Sauce geben und die Früchte darunter mischen. Den Salat etwa 15 Minuten ziehen lassen.

Asien Ananaseis mit Kokosraspeln

EIWEISS

Für 2 Portionen
Zubereitungszeit: ca. 25 Min.
Gefrierzeit: ca. 3 Std.
ca. 460 kcal je Portion

125 g frische Ananasstücke
3 EL Frutilose
200 ml Milch
100 g süße Sahne
3 Eigelb
2 EL Kokosraspel

1. Die Hälfte der Ananas würfeln. Den Rest mit 1 EL Frutilose und 1 EL Wasser in einen Topf geben und erhitzen. Die Ananasmischung pürieren. Die Ananaswürfel dazugeben, etwa 5 Minuten kochen und dann abkühlen lassen.
2. Die Milch mit der Sahne in einem zweiten Topf zum Kochen bringen, vom Herd nehmen. Die Eigelbe mit 2 EL Frutilose aufschlagen, bis eine cremige Masse entstanden ist. Unter die Milch-Sahne-Mischung rühren. Solange schlagen, bis die Masse cremig ist.
3. Die Eier-Milch-Creme mit der vorbereiteten Ananas gut verrühren. Die Masse in eine Metallschüssel füllen, abkühlen lassen und in das Gefriergerät stellen. Das Eis etwa 3 Stunden gefrieren lassen. Dabei alle 20 Minuten sorgfältig umrühren.
4. Die Kokosraspel in einer Pfanne ohne Fettzugabe rösten und abkühlen lassen. Das Eis zu Kugeln ausstechen, in den Kokosraspeln wenden und servieren.

oben: Exotischer Fruchtsalat
unten: Ananaseis mit Kokosraspeln

USA Frisches Obst mit Weinschaum

EIWEISS

Für 2 Portionen

Zubereitungszeit: ca. 40 Min.

ca. 360 kcal je Portion

1 Pfirsich
1 Mango
200 g Erdbeeren
1 Kiwi
2 Eigelb
75 ml Chardonnay (oder ein anderer trockener Weißwein)
2 EL Frutilose
1 Pr. Meersalz
75 g Sahne

1. Den Pfirsich waschen, halbieren, entkernen und in Spalten schneiden. Die Mango schälen und halbieren. Dazu mit einem Messer nahe am Stein senkrecht entlang schneiden und diesen Schnitt auf der anderen Seite wiederholen. Die Fruchthälften dann in schmale Spalten schneiden.
2. Die Erdbeeren putzen, waschen und halbieren. Die Kiwi schälen und in dünne Scheiben schneiden. Das gesamte Obst auf 2 Tellern anrichten.
3. Für den Weinschaum Eigelbe, Wein, Frutilose und Salz in eine Schüssel geben und verquirlen. In einem Topf etwas Wasser zum Kochen bringen, herunterschalten und die Schüssel hineinhängen. Die Mischung über dem Wasserbad solange schlagen, bis sie cremig wird. Vom Wasserbad nehmen und weiterschlagen, bis die Creme abgekühlt ist.
4. Die Sahne halb steif schlagen und unter den Weinschaum ziehen. Über das Obst gießen und sofort servieren.

USA Aprikosen-Erdbeer-Gefrorenes

EIWEISS

Für 2 Portionen

Zubereitungszeit: ca. 20 Min.

Gefrierziet: ca. 1 Tag

ca. 120 kcal je Portion

250 g Aprikosen
250 g Erdbeeren
100 g Joghurt

1. Die Aprikosen waschen, entsteinen und vierteln. Die Erdbeeren putzen, waschen und halbieren, einige Hälften beiseite legen.
2. Ein Blech mit Frischhaltefolie auslegen. Das Obst darauf ausbreiten und gut mit Frischhaltefolie abdecken. Im Tiefkühlgerät etwa 1 Tag gefrieren lassen.
3. Das gefrorene Obst zusammen mit dem Joghurt in ein hohes Gefäß geben und mit dem Pürierstab fein mixen.
4. Sofort servieren. Dazu das Aprikosen-Erdbeer-Gefrorene entweder mit einem heißen Esslöffel zu Nocken abstechen oder in einen Spritzbeutel füllen und in 2 Dessertschälchen spritzen. Mit den Erdbeerhälften garnieren.

TIPP

Wenn es mal schnell gehen soll: Pürieren Sie gekaufte, noch gefrorene Tiefkühlbeeren mit etwas Zitronensaft und Honig. Sofort servieren.

Gefüllte Kantalupe-Melone

Asien

Gefüllte Kantalupe-Melone

NEUTRAL

Für 2 Portionen

Zubereitungszeit: ca. 35 Min.

ca. 160 kcal je Portion

1 Kantalupe-Melone
1 kleine Mango
1 Pfirsich
125 g frische Ananaswürfel
2 EL Frutilose
1 EL Zitronensaft

1. Von der Melone etwa 3 cm unterhalb des Stielansatzes einen Deckel abschneiden. Das Melonenfruchtfleisch mit einem Messer herauslösen und von den Kernen befreien. Etwa 100 g Fruchtfleisch würfeln und den Rest des Fleisches anderweitig verwenden.

2. Die Mango schälen und an den Breitseiten des flachen Steins von oben nach unten jeweils eine Fruchtfleischscheibe herunterschneiden. Das am Stein verbliebene Mangofleisch separat abschneiden. Alles würfeln.

3. Den Pfirsich über Kreuz einritzen, mit kochendem Wasser überbrühen, abschrecken und enthäuten. Den Pfirsich halbieren, den Kern herauslösen und das Fruchtfleisch würfeln.

4. Das vorbereitete Obst mit den Ananaswürfeln, der Frutilose und dem Zitronensaft mischen und in die Melonenschale füllen. Alles etwa 10 Minuten kühl stellen.

KANTALUPE-MELONE

Die Kantalupe- oder Warzenmelone ist eine aromatische, süße, aber auch sehr empfindliche Dessertfrucht. Sie sollte nicht länger als 6 Tage gelagert und vor Stoß oder Druck geschützt werden.

ITALIEN

Cremiges Mandarineneis

EIWEISS

Für 2 Portionen
Zubereitungszeit: ca. 15 Min.
Gefrierzeit: ca. 2–3 Std.
ca. 350 kcal je Portion

2 Blatt weiße Gelatine
100 g Mascarpone (italienischer Frischkäse)
4 EL Ahornsirup
250 ml frisch gepresster Mandarinensaft
1 TL abgeriebene Schale einer unbehandelten Orange
1 TL Zitronensaft
6 Mandarinenfilets
einige Minzeblättchen

1. Die Gelatine für etwa 5 Minuten in kaltem Wasser einweichen. Den Mascarpone mit dem Ahornsirup cremig verrühren. Dann den Mandarinensaft, die Orangenschale und den Zitronensaft langsam unterrühren.
2. Die Gelatine gut ausdrücken und bei geringer Hitze in einem kleinen Topf auflösen. Anschließend langsam unter die Mandarinencreme ziehen.
3. Die Masse in eine Metallschüssel füllen und diese für 2–3 Stunden ins Tiefkühlfach stellen. Nach etwa 20 Minuten herausnehmen, die Eiskristalle unterrühren und zurück ins Tiefkühlfach stellen. Die Eismasse alle 20 Minuten umrühren, bis sie cremig gefroren ist.
4. Das Eis in zwei Glasschalen füllen und nach Belieben mit den Mandarinenfilets und den Minzeblättchen garnieren.

ITALIEN

Mango-Sahne-Eis

EIWEISS

Für 2 Portionen
Zubereitungszeit: ca. 15 Min.
Gefrierzeit: ca. 2 Std.
ca. 260 kcal je Portion

1 Mango
100 ml Sahne
1 EL Ahornsirup
einige frische Minzeblättchen

1. Die Mango schälen, 4 schöne dünne Scheiben abschneiden und zur Seite legen. Das restliche Mangofleisch vom Kern lösen, würfeln und mit dem Pürierstab fein mixen.
2. Die Sahne steif schlagen und unter das Mangopüree heben. Mit Sirup süßen. Die Mangocreme in eine Metallschüssel geben und im Gefrierfach etwa 2 Stunden anfrosten lassen. Zwischendurch immer wieder umrühren, damit sich keine Kristalle bilden.
3. Das Eis in 2 Dessertschalen füllen und die Mangoscheiben fächerförmig darauf anrichten. Mit den gewaschenen Minzeblättchen garnieren.

TIPP

Wenn Sie regelmäßig Eis selber herstellen lohnt sich die Anschaffung einer Eismaschine. Sie ersparen sich das zwischenzeitliche Rühren und das Eis wird in der Maschine noch cremiger.

oben: Cremiges Mandarineneis
unten: Mango-Sahne-Eis

SPANIEN

Mandelkuchen vom Blech

KOHLENHYDRAT

Für 20 Stück
Zubereitungszeit: ca. 35 Min.
Backzeit: ca. 15 Min.
ca. 275 kcal je Stück

200 g Haferflocken
200 g Dinkelvollkornmehl
abgeriebene Schale ½ unbehandelten Zitrone
1 P. Weinsteinbackpulver
225 g kalte Butter
230 g Rapshonig
1 Eigelb
150 ml Sahne
200 g geh. Mandeln

1. Die Haferflocken mit dem Dinkelvollkornmehl, der Zitronenschale und dem Backpulver in einer großen Schüssel gut mischen. Den Backofen auf 180 °C (Umluft 150 °C, Gas Stufe 2) vorheizen.
2. Gut 125 g der kalten Butter in Stücke schneiden, zur Mehlmischung geben und 80 g Honig, das Eigelb und 5 EL Sahne hinzufügen. Alles zu einem geschmeidigen Teig verkneten. Den Teig in Frischhaltefolie einschlagen und für etwa 10 Minuten im Kühlschrank ruhen lassen.
3. Inzwischen ein kleines Backblech (etwa 30 x 30 cm) einfetten. Den Teig auf das Blech geben und mit angefeuchteten Händen glatt drücken.
4. Für den Belag die restliche Butter in einem Topf zerlassen. Die gehackten Mandeln zusammen mit der restlichen Sahne und 150 g Honig hinzufügen. Alles unter Rühren kurz aufkochen lassen, dann die Masse sofort auf dem Teig verteilen und glatt streichen.
5. Den Kuchen im Ofen auf der mittleren Schiene etwa 15 Minuten goldbraun backen, herausnehmen und erkalten lassen. Ihn anschließend in 20 gleich große Stücke schneiden.

TIPP

Sie können den Teig auch ausrollen. Drücken Sie dazu die Teigkugel etwas flach und legen Sie sie zwischen 2 Lagen Frischhaltefolie. So lässt sich der Teig ausrollen, ohne an der Kuchenrolle oder der Arbeitsplatte festzukleben.

Mandelkuchen vom Blech

ITALIEN

Sahniger Hirsebrei mit Feigen

KOHLENHYDRAT

Für 2 Portionen
Zubereitungszeit: ca. 20 Min.
ca. 470 kcal je Portion

300 ml Wasser
50 ml Sahne
½ TL Meersalz
1 ½ EL Honig
80 g gem. Hirse
4 frische Feigen
4 EL geschlagene Sahne
2 EL Ahornsirup
2 TL geh. Mandeln

1. In einem Topf das Wasser mit der Sahne verrühren. Salz, Honig und Hirse hinzufügen und alles unter Rühren zum Kochen bringen.
2. Das Ganze kurz aufwallen lassen, anschließend den Topf vom Herd nehmen und die Hirse 5–10 Minuten ausquellen lassen.
3. Inzwischen die Feigen schälen und in Scheiben schneiden. Die geschlagene Sahne unter die leicht abgekühlte Hirse heben und den Brei mit Feigenscheiben garnieren.
4. Zum Schluss den Hirsebrei mit dem Ahornsirup beträufeln und mit den gehackten Mandeln garnieren.

HIRSE

- *Hirse ist ein Getreidegras, das der Bevölkerung in weiten Teilen der Welt als Grundnahrungsmittel dient. Sie ist reich an Mineralstoffen und hat einen mild würzigen Geschmack.*
- *Hirse kann sowohl süß als auch salzig zubereitet andere Getreidearten in vielen Rezepturen ersetzen. So kennt man Hirsotto ebenso wie Hirsepilaw. Beides sehr leckere Hirsegerichte.*

ITALIEN

Gefüllte Buttermilchcrêpes

KOHLENHYDRAT

Für 2 Portionen
Zubereitungszeit: ca. 30 Min.
ca. 590 kcal je Portion

150 ml Buttermilch
50 ml Sahne
100 ml Wasser
2 Eigelb
3 EL Sonnenblumenöl
1 TL abgeriebene Schale einer unbehandelten Zitrone
100 g feines Dinkelvollkornmehl
etwas Meersalz
2 große mürbe Äpfel
2 EL Butter
6 EL Calvados
3 EL Ahornsirup
3 EL Pinienkerne oder geh. Mandeln
8 EL geschlagene Sahne

1. Die Buttermilch mit Sahne, Wasser, den Eigelben, 1 EL Öl und Zitronenschale verrühren. Nach und nach das Mehl unterrühren, bis ein dünner Teig entsteht. Eine Prise Salz zum Teig geben und ihn etwa 10 Minuten quellen lassen.

2. In der Zwischenzeit die Äpfel schälen, halbieren und das Kerngehäuse herausschneiden. Die Apfelhälften in dünne Scheiben schneiden. Die Butter in einer großen Pfanne zerlassen und die Apfelscheiben darin bei milder Hitze dünsten.

3. Anschließend 3 EL Calvados angießen und alles weiter garen, bis der Alkohol verdampft ist. Die Pfanne mit den Calvadosäpfeln vom Herd nehmen und beiseite stellen.

4. Eine beschichtete Pfanne (20 cm ø) mit wenig Öl ausfetten und erhitzen. 3 EL Teig hineingeben und durch sanftes Schwenken der Pfanne gleichmäßig verteilen. Den Crêpe bei mittlerer Hitze ½–1 Minute backen, wenden, weitere 1–2 Minuten backen und dann warm stellen. Insgesamt 8 Crêpes backen. Den Backofen auf 160 °C (Umluft 130 °C, Gas Stufe 1–2) vorheizen.

5. Jeweils 2 halbe Apfelscheiben auf die Hälfte eines Crêpes legen, zusammenschlagen, dann den halben Crêpe nochmals zusammenschlagen und in eine Auflaufform legen. Die restlichen Crêpes ebenso füllen.

6. Alles mit Ahornsirup und dem restlichen Calvados beträufeln und mit den Pinienkernen bestreuen. Im Ofen auf der mittleren Schiene etwa 8 Minuten backen. Vor dem Servieren mit der Sahne verzieren.

TIPPS

- *Der Teig sollte immer leicht fließen. Falls er andickt, müssen Sie ihn mit etwas Milch und Eiern wieder geschmeidig machen.*
- *Wenn Sie 1 EL flüssige Butter in den Teig geben, bekommen die Crêpes eine unvergleichlich schöne Farbe.*

SPANIEN

Mandeleis

KOHLENHYDRAT

Für 2 Portionen
Zubereitungszeit: ca. 25 Min.
Gefrierzeit: ca. 3–4 Std.
ca. 295 kcal je Portion

50 g ganze Mandeln
125 ml Wasser
50 ml Sahne
30 ml Ahornsirup
1 Msp. Zimt
1 TL abgeriebene Schale einer unbehandelten Zitrone
2 Tupfer Sahne
1 EL geh. Mandeln

1. Die Mandeln mit kochendem Wasser überbrühen, häuten und in einer Pfanne ohne Fett rösten. Anschließend sehr fein mahlen.

2. Das Wasser mit Sahne, Ahornsirup, Zimt und Zitronenschale verrühren. Die Mandeln hinzufügen und alles unter Rühren aufkochen lassen.

3. Die Mandelcreme unter gelegentlichem Umrühren erkalten lassen. Sie dann in eine Metallschüssel füllen und für 3–4 Stunden ins Gefrierfach stellen. Die Eismasse während des Gefrierens immer wieder mit einem Schneebesen umrühren.

4. Das Eis anschließend in 2 Dessertgläser geben und mit je einem Sahnetupfer und den gehackten Mandeln dekorieren.

Asien

Gebackene Bananen mit Honig

KOHLENHYDRAT

Für 2 Portionen
Zubereitungszeit: ca. 25 Min.
ca. 440 kcal je Portion

50 g Weizenvollkornmehl
½ TL Weinsteinbackpulver
65 ml ungesüßte Kokosmilch (eigene Herstellung siehe S. 57)
1 Pr. Meersalz
1 EL Sesamsamen
Maiskeimöl zum Frittieren
2 Bananen
1 EL flüssiger Honig

1. Das Mehl in eine Schüssel geben und mit dem Backpulver mischen. Kokosmilch, 50 ml Wasser und Salz hinzufügen und alles zu einem glatten, dickflüssigen Teig verrühren.
2. Die Sesamsamen in einer Pfanne ohne Fettzugabe hellbraun rösten, herausnehmen und abkühlen lassen.
3. Das Öl in einer Fritteuse, einem Wok oder einem hohen Topf erhitzen. Die Bananen schälen und schräg in etwa 3 cm dicke Scheiben schneiden. Diese mit einer Gabel in den Teig tauchen, etwas abtropfen lassen und portionsweise im heißen Fett goldgelb backen. Die fertig gebackenen Bananenscheiben auf Küchenkrepp abtropfen lassen und anschließend warm stellen.
4. Die gebackenen Bananen auf 2 Tellern anrichten und den Honig gleichmäßig darüber verteilen. Das Ganze mit den gerösteten Sesamsamen bestreuen und am besten sofort servieren.

USA

Haferflocken-Rosinen-Häufchen

KOHLENHYDRAT

Für ca. 45 Stück
Zubereitungszeit: ca. 20 Min.
Backzeit: ca. 15 Min.
ca. 60 kcal je Stück

125 g ungeschwefelte getrocknete Aprikosen
125 g ungeschwefelte Trockenpflaumen
200 g Weizenvollkornmehl
½ TL Meersalz
½ TL Natriumkarbonat
1 TL gem. Vanille
½ TL Zimtpulver
½ TL gem. Muskat
2 EL weiche Butter
2 EL Sonnenblumenöl
60 g flüssiger Honig
2 Eigelb
120 g Haferflocken
75 g ungeschwefelte Rosinen

1. Die Trockenfrüchte sehr klein würfeln. Den Backofen auf 175 °C (Umluft 150 °C, Gas Stufe 2) vorheizen.
2. Mehl, Salz, Natriumkarbonat, Vanille, Zimt und Muskat in einer Schüssel mischen.
3. In einer zweiten Schüssel Butter, Öl, Honig und die Eigelbe mit dem Mixer cremig rühren. Die Trockenfrüchte unterheben. Nach und nach die Mehlmischung, die Haferflocken und die ungeschwefelten Rosinen unterrühren.
4. Ein Backblech einfetten oder mit Backpapier auslegen. Den Teig mit einem Teelöffel in kleinen Haufen darauf setzen. Die Haferflocken-Rosinen-Häufchen auf der mittleren Schiene in etwa 15 Minuten goldbraun backen.

USA

Herbsternte

EIWEISS

Für 2 Portionen
Zubereitungszeit: ca. 30 Min.
ca. 300 kcal je Portion

1 Birne
1 säuerlicher Apfel
2 EL Zitronensaft
125 blaue Weintrauben
125 g grüne Weintrauben
2 Pflaumen
1 Orange
1 TL Honig
2 EL Sonnenblumenkerne

1. Die Birne und den Apfel waschen, entkernen und in dünne Spalten schneiden. Mit 1 EL Zitronensaft beträufeln. Die Weintrauben waschen, halbieren und eventuell entkernen. Die Pflaumen waschen, entsteinen und in Spalten schneiden.
2. Die Orange oben und unten flach abschneiden, auf eine Schnittfläche stellen und die restliche Schale von oben nach unten herunterschneiden. Dabei die weiße Haut entfernen. Die Filets zwischen den Trennwänden herausschneiden. Dabei den Saft auffangen.
3. Das Obst in einer Schüssel mischen. Den aufgefangenen Orangensaft mit Zitronensaft und Honig verrühren, zum Obst geben und alles gut mischen.
4. Die Sonnenblumenkerne in einer Pfanne ohne Fettzugabe unter Rühren hellbraun rösten. Noch heiß über den Salat streuen.

oben: Haferflocken-Rosinen-Häufchen
unten: Herbststerne

Ihr ganz persönlicher Kontakt zu Ursula Summm

Liebe Leserinnen, liebe Leser,

täglich erreichen mich zahlreiche Briefe und Telefonate aus dem In- und Ausland, mit vielen Fragen zur Gewichtsabnahme und mit der Bitte, bei der Zusammenstellung von Essensplänen behilflich zu sein. Auch werde ich immer wieder aufgefordert, Seminare über Trennkost zu leiten.
Für Seminare fehlt mir leider die Zeit, doch ich freue mich, Ihnen mitteilen zu können, dass ich Ihnen meine Öffentlichkeitsarbeit in einem anderen, sehr interessanten Rahmen anbieten kann. Und zwar in Form eines Fernlehrgangs. Während dieser Zeit lernen Sie Ihren Körper besser kennen und bauen daher Ihr Übergewicht logisch und gefühlvoll ab.

Folgendes Programm erwartet Sie:

- *Ein komplett ausgearbeitetes Manifest zur Gewichtsabnahme mit vielen, vielen Rezepten*
- *Einstiegswoche, Fortsetzungswoche, Powerplan*
- *Persönliche Fragebögen zum Erkennen „Warum bin ich dick?"*
- *Motivation zur Gewichtsabnahme*
- *Vorschläge für die schnelle Küche*
- *Heißhunger auf Süßes, wie kann ich das bewältigen?*

Und, und, und ...

Diese Ausarbeitungen sind sehr persönlich und haben den Umfang eines breiten Leitz-Ordners. Ihr Trennkost-Kurs endet automatisch nach 10 Monaten. In dieser Zeit erhalten Sie zweimal im Monat Post von mir. Insgesamt 20-mal.

Nach Kursende stehe ich Ihnen gerne für weitere Fragen zur Verfügung.

Außerdem können Sie Ihr erworbenes Wissen jetzt auch beruflich nutzen. Nach Abschluss des Fernlehrgangs erhalten Sie von mir ein Zertifikat, welches Sie berechtigt, eigenständig unter der Bezeichnung „Trennkost-Beraterin" Kurse anzubieten.

Ich würde mich freuen, Sie begrüßen zu dürfen.

Schreiben Sie mir und fordern Sie mein kostenloses Informationsmaterial an.

Meine Adresse:

Trennkost Club
Ursula Summm
Buzon N° 356
Calle Patricio Ferrandiz 40
E-03700 Denia /Alicante
España

Telefon: 00 34 /96 /6 42 11 20
Fax: 00 34 /96 /5 78 47 15
http: www.trennkost.de
E-Mail: trennkost.summ@teleline.es

Herzlichst
Ihre Ursula Summ

Rezeptverzeichnis nach Ländern

Alphabetisches Rezeptverzeichnis

Im FALKEN Verlag sind zahlreiche Titel zum Thema „Essen und Trinken“ erschienen.
Sie erhalten sie überall dort, wo es Bücher gibt.

Sie finden uns im Internet: **www.falken.de**

Dieses Buch wurde auf chlorfrei gebleichtem und säurefreiem Papier gedruckt.

Der Text dieses Buches entspricht den Regeln der neuen deutschen Rechtschreibung.

ISBN 3 8068 7558 8

Umschlaggestaltung: Heinz Kraxenberger, München
Layout: Horst Bachmann
Redaktion: Birgit Hinsch
Lektorat: Sabine Lemb, Flörsheim
Bildredaktion: Michael Volkert-Bötsch
Herstellung: Sandra Krumpholz

Rezeptfotos: FALKEN Archiv: TLC Foto-Studio GmbH, Velen-Ramsdorf
Weitere Fotos im Innenteil: FALKEN Archiv: Klaus Arras, Köln: S. 1, 7, 17, 19; Amos Schliack, Hamburg: S. 4, 14; Gisela Häring, Frankfurt a. M.: S. 10; Jose Mª Hortelano, Dénia/Alicante, Spanien: S. 6, 124; außerdem: StockFood/Loftus: S. 2; Silvestris/Janicek: S. 23 o.; Silvestris/Brinzer: S. 23 u.; Huber/Giovanni: S. 41 o., 109 u.; Huber/Ripani: S. 41 u.; Silvestris/Dr. Pfirrmann: S. 41 Mi.; Huber/Radelt: S. 41 u.; Huber/Gräfenhain: S. 77 Mi.; Silvestris/Pfeiffer: S. 95 u.; Huber/Mehlig: S. 109 Mi.; Photodisc: S. 23 Mi., 41 Mi., 59 o., 77 o., 77 u., 95 o., 95 Mi., 109 o.

Satz: Alois Winter Werbung & Herstellung, Wiesbaden
Reproduktion: Lithotronic, Frankfurt
Druck: Mohn Media GmbH, Gütersloh

817 2635 4453 6271